認知症の取扱説明書

【大活字版】

平松 類［著］
内野勝行［監修］

はじめに

その問題行動、本当に認知症が原因ですか？

認知症というと、何を連想しますか？

- 「新しいものに全然興味を持ってくれない」「同じ話を何度もする」といった「まいったなあ」という程度のこと
- 「すぐにキレる」「身だしなみに無頓着」といった不快感を覚えること
- 「被害妄想が強くて『アタシのお金、盗んだでしょ？』と疑ってくる」「昼夜逆転することで、世話をする家族が夜中も満足に眠れない」という家族全員が非常に困ってしまうこと
- 「徘徊《はいかい》」「便を壁に塗る」という多くの人に影響するかなり迷惑な行為
- 「火事を起こす」「信号無視や荒っぽい運転で交通事故を起こす」といった命にもかかわる大惨事

……

いずれにしても、周囲を困らせてしまう行動です。確かにこれらはいずれも、認知症が原因

で起きることがあります。ただ、「我慢しましょう」「認知症の方に寄り添いましょう」とだけ言われても、周囲は辛いだけです。

以上で挙げてきた問題行動に対して、多くの人は次のように思っているような気がします。

「認知症が治らないと解決できない」

「とはいっても、認知症って治らないから、認知症になった時点で諦めるしかない」

でも私は、そのことに疑問を隠せません。なぜならば、

「認知症以外にも原因が考えられる」

「認知症だったとしても諦めてはいけない。症状をよくしたり、認知症の進行を遅らせることができる場合も多い」

ということがいえるからです。

原因がわかれば解決策が見つかるし、イライラが減る！

まず、「認知症以外にも原因が考えられる」から見ていきましょう。

認知症になると、記憶力や判断力が衰えます。一方で、認知症になっていなくても年を取ることによって体が老化していけば、同じように記憶力も判断力も落ちてきます。そして、記憶力や判断力の低下が、問題行動の多くを起こすのです。

つまり、**高齢者の問題行動は「認知症が原因なのか？」あるいは「体の老化が原因なのか？」はたまた「両方なのか？」というのが、すぐにはわからない**ということです（細かいことをいえば、「軽度認知障害（ＭＣＩ）」といって、老化と認知症の間のような状態もあります）。

若くしてアルツハイマー型認知症になった人と、年齢を重ねてのアルツハイマー型認知症になった人の症状を調べた研究があります。[1] その研究によると、「鬱《うつ》傾向」は両者ではあまり変わりませんでした。しかし、妄想・幻覚・異常行動など多くの症状は、年齢が高いほうが発症しやすかったのです。この研究からも、認知症の原因となる認知機能だけでは、すべては説明できないことがわかります。

となりますと、認知症は解消できないとしても、**体の老化を予防・改善すれば、問題行動は大きく解決できることだってある**のです。

体の老化といっても様々なのですが、目や耳が悪くなるといった五感の症状もあれば、筋力低下によって足腰が弱くなるといったものまであります。ただ、しかるべき対処法によって、体の老化による弊害は減らせるものも多いのです。

次は「認知症の進行を遅らせることができる場合も多い」ですが、もちろん全部の認知症に対してできるわけではないのですが、**進行を遅らせることができる認知症だってある**のです。

認知症によって起こりうる問題行動を多少でも軽減させたいですよね。そこで本書では、認知症だけでなく老化なども含め、問題行動の原因として考えられるものを総ざらいするスタイルをとっています。

原因がわかることは、すごく重要です。

何より、予防・改善できる原因であれば、問題行動を軽減することができるからです。仮に予防・改善の見込みがなかったとしても、原因を知ることで冷静になれます。というのも、「悪意があってやっていることではない」というのがはっきりしますし、「こういう原因でこんな症状になってしまったのなら、しょうがない」と割り切ることができるようになるからです。**冷静になれば、何か他にできることはないかと前向きになれますし、イライラすることもだいぶ減る**でしょう。

さらに原因がわかることで、当事者ではない人たちも状況を理解できやすくなるため、サポートしてくれる機会も増えます。

10万人以上の高齢者と出会い、国内外の論文を膨大に活用

私は医師であり医学博士ですので、医学の知識はあります。また、医療の現場にずっと携わっていますから、認知症をはじめ多くの患者さんと出会ってきています。

ただし、現役の眼科医です。ここで、「眼科医がなんで認知症の本を書いたの?」と思われる方もいるかもしれません。認知症というと、精神科、心療内科、神経外科、あるいは脳外科をイメージされる人が多いと思います。もちろんこういった科では、認知症の患者さんを診療することも多くなっています。

でも、**眼科医だからこそお伝えできる大事なことがある**と私は思い、ペンを執ったのです。

眼科というのは、多くの高齢者と接します。そのため、私の眼科医としての勤務経験は10年以上ですが、**のべ10万人以上の高齢者と向き合ってきました。**こんなに多くの高齢者と接する科は、眼科以外ではなかなかありません。

しかも眼科は、認知症を専門にしているわけではないことから、認知症としても軽度の人から、かなり進行している人まで、いろんな人と接します。高齢の患者さんの中には、認知症になっている人もいれば、認知症になりかけの人、そして認知症ではなく老化だけしている人のすべてがいるからです。つまり眼科医である私は、**数としても多く、タイプとしても実に様々な高齢者と出会ってきた**のです。

また私は、医師であり医学博士であることもそうですが、本書の執筆のために、**国内外の医学論文を膨大に読みあさりました。つまり、数多くの医学の専門知識を活用しています。**

以上から手前味噌かもしれませんが、出会ってきた認知症の人を含めた高齢者も、医学の専門知識も、種類も数も相当なものになっています。

脳ではなく目や耳をケアすることでも、認知症の進行が防げる！

実は**眼科にとっても、認知症は切っても切り離せないもの**です。なぜかというと、目が見えにくいと認知症になりやすく、認知症が目を悪化させることがあるからです。実際に、目が見えやすくなることで認知症の進行が遅くなった人もいます。

ある男性は、家族の顔もわからなくなり、テレビも観ず、ただボーッと過ごしていました。家族は認知症になったと思って、トイレや着替えの世話を始めました。ある日、あまりにも見えていないことから眼科を受診すると白内障という診断結果に。

そこで白内障の手術をすると、翌日から普通に歩けるようになり、食事も着替えも全部一人でできるようになったのです。ちなみに耳はずっと聞こえていたようですが、見えないのでボーッとしていただけだったそうです。

目（視覚）以外にも、耳（聴覚）、鼻（嗅覚《きゅうかく》）なども認知症と関連性があります。ですから、認知症の予防というと「脳のトレーニング」がよく挙げられますが、**目や耳などの老化を食い止めておくことも、認知症の予防・進行防止につながります。**

しかも、パズルなどでわざわざ脳のトレーニングをしなくても、目を治療してしっかりと使えるようにしておけば、テレビや風景を見るだけで脳に刺激を与えることができて、結果として認知症を遠ざけるのです。

認知症は確かに脳が引き起こすものですが、以上のように目や耳が関係することも多いのです。それなのに、認知症というと脳ばかりが注目されがちです。

そんな傾向にありますから、多くの認知症の専門書や一般書を読んでみても、目や耳など体の老化という面から分析した本はなかなか見当たりません。

問題行動を起こす本人、家族、関係する社会人の皆さまへ……

本書は、この体の老化をむしろメインにすることで、今までの認知症の本ではなかなか出会えなかったことを、できる限り盛り込みました。もちろん、従来の認知症の本で扱う脳のことにもしっかりと触れています。

そして、先ほども申し上げました通り、認知症が原因となりうる問題行動を分析するために、脳だけでなく体の老化も検証しています。こうして、**認知症や老化などあらゆる原因を突き止**

めることで、問題行動はどうすれば軽減できるのかを考察します。軽減する方法としては、「家族など周りの人がすべきこと」と「問題行動を起こす本人がすべきこと」、さらには「周りの人がしがちな間違い」まで網羅しました。

このような流れをとることで、認知症という症状をどう取り扱っていくかという〝取扱説明書〟として作りました。なお、どなたでもすぐにわかるように専門知識はかみ砕いていますから、安心して読んでください。

本書は次の三つのタイプの方に向けて書いています。

【1】認知症が原因となりうる問題行動を起こす家族を抱えている人（実際にその人が認知症ではなく、体の老化だけだった場合も含む）。そのようになりそうな家族を抱える人

現在、家族に問題行動を起こす人がいる、ないし、近い将来にそのようになってしまいそうな家族がいるという人が対象です。

問題行動を起こす（ないし、近いうちに起こしそうな）本人に、なるべく解決してもらうことは大事です。ただ、あまりにも本人に任せてしまうと、火事、交通事故などを起こし、家族以外の多くの人にも迷惑をかけてしまうことがあります。

そこで、周りにも迷惑がかからず、かつ、日常生活を極力本人で送ってもらう方法をお話しします。

【2】認知症が原因となりうる問題行動を起こしたくない人、今の生活を維持したい人（すでに軽度の認知症である人を含む）

認知症にならない有効な方法をご紹介します。さらに、問題行動の原因となる認知症と老化を遅らせる方法も取り上げます。

それと、認知症になっても家族など周りの人に迷惑をかけないために、買い物や食事、睡眠など日常生活では何をすべきかを紹介します。もちろん、高額なお金で施設に入るのではなく、自力でできることを取り上げます。

【3】認知症が原因となりうる問題行動を起こす人にかかわるビジネスパーソン（介護や医療の業界が代表でしょうが、接客業や高齢者向け商品の開発担当なども含みますから、結局は社会人全般でしょう）

問題行動を起こす高齢者にかかわる仕事というと、介護や医療だけだと思われがちですが、そんなことはありません。問題行動を起こす人も、普通に生活しています。スーパーや家電量販店に買い物に行きます。電車やタクシーに乗ります。

問題行動を起こす人について知っておかないと、クレームを受けることもあれば、事故に巻き込まれることもあります。それもあってか、今や大手スーパーなどでは、認知症のお客様向け講習会が積極的に行われているくらいです。

以上の皆さまに、本書が一助を担えれば、著者として冥利に尽きます。

ではまずは、困っている人が多い５つの問題行動について見ていきましょう。

平松類

※本書では、「認知症が原因となりうる問題行動」は、高齢者が起こすものとしています。よって本書では、認知症を起こす人を高齢者としています。

目次

第1章 困っている人がとにかく多い認知症の5大問題行動

認知症のよくある困った行動【その2】

オシッコを漏《も》らす／ウンコを漏らす 40

——おもらしの原因は認知症だけに限らず。それと、認知症の薬がおもらしを招くことも……

第2章 本人にとっていいことが全然ない問題行動

認知症のよくある困った行動【その7】

暇なのに待てない／曜日や月日、さらには自分の年齢も答えられない

――70歳を過ぎると、30秒が1分に感じてしまう。年齢は、わざとでたらめに答えることもある

認知症のよくある困った行動【その8】

気温や季節を無視した服装をする／風呂場で倒れる

――部屋内で熱中症、ヤケドで入院、風呂場で死亡……。簡単に起きてしまいます

認知症のよくある困った行動【その9】

身なりに無頓着になる

認知症のよくある困った行動【その10】

新しいものを頑なに拒否する

第3章 多くの人を巻き込む大惨事にもなりかねない危険極まりない問題行動

認知症のよくある困った行動【その12】

第1章

困っている人がとにかく多い認知症の5大問題行動

すぐにキレる／暴力を振るう／セクハラをする

――認知症以外でも、難聴、記憶力低下、鬱、妄想、幻覚、便秘など、原因は数知れず……

Aさんは、義理の父の介護をしていました。認知症を抱えている義父は時折、記憶がしっかりしません。元々ちょっと気難しい人なので、昔から苦手といえば苦手なのですが。

ある日の晩御飯でのことです。

Aさん「もう、おしまいですか？」

義父「ああ」

そう言ってテレビを観始める義父。最近は、食事もあまり手をつけてくれません。味付けが気に入らないのか、ただ食欲がないのかわからないのですが。

Aさん「では、食器さげますね」

義父「何をするんだっ、この野郎！」

そう言って、Aさんを叩いてきました。

こんなに一生懸命に世話をしているのに急に手を上げられて、Aさんはびっくりです。夫が家に帰ると、言いました。

Aさん「今日も暴力振るわれたのよ！　あなた、どうにか言ってよ‼」

夫「たまには機嫌が悪い時もあるだろう。しょうがないよ」

夫はまた今日も「しょうがない」と言って、ずっと何もしてくれません。

認知症になると、自分に悪いことをされていると勘違いする

年を取ると意固地になって怒りやすくなると思われています。「何をするんだ！」と怒鳴ったりもします。すると家族はついつい、「怒らないで！」と言ってしまいがちです。

例えば、トイレに連れて行こうとした時に、「何をするんだ、バカ野郎！」と怒られます。「トイレに行くんです。行きましょう」と、家族も同じように強い言葉で返してしまいます。

でも、**相手の感情を抑え込もうとすると、むしろ逆にもっと怒らせてしまうことになり、暴力に発展してしまう場合さえあります。**

認知症によって今起こっていることが認識できなくなると、「自分に悪いことをされている」「悪意を向けられている」と勘違いして、怒ってしまいます。さらには感情のコントロールが難しくなるため、収拾がつかなくなります。

認知症になると例えば、実際は食事をし終わっていたり、お腹がいっぱいでもう食べないようなそぶりを見せていたりしても、本人はまだまだ食事をする気でいることがあります。すると、食事中にいきなり片付けられたと勘違いして、「なんで俺の御飯を勝手にさげるんだ!」と怒ることになります。

だとしても、「食事をさげられたぐらいで怒りすぎでは?」と思うかもしれません。でも、認知機能の低下により自分の感情をコントロールできなくなるため、**ちょっとしたことでも攻撃性が増してしまう**のです。1) 元々攻撃性が高い人のほうが暴力を振るいやすくなります。ただ、穏やかだった人でも暴力を振るうこともあり、その場合は家族のショックはいっそう大きくなります。

私が所属する眼科でも、怒りっぽい認知症の患者さんが来ることがあります。「私は目薬なんてささない!」と怒ってしまったりするのです。看護師さんは焦《あせ》って「失明したら困るから、目薬をさしましょう」と言います。けれども、頑《がん》として譲りません。よくよく話を聞くと、自分の病気が何であるのかという記憶がないようです。

説明をすると、納得して応じてくれる場合もありますが、やっぱりダメな時もあります。特に怒っている時は、説明しても全く聞いてくれません。しかし、何度か診察の中で話していくと、全員ではないですが多くの人が「そうか、それならさすか」と応じてくれます。**焦らずお話ししていくことは必要**なようです。

耳が悪いため、そもそも言うことが伝わっていない可能性もある

怒りっぽくなってしまう原因としては、認知症以外のこともあります。

まずは、**耳がよく聞こえないこと。**例えば、介護者が「食事をしましょうね」と言って、食事を口に運んだ。けれども高齢者は聞こえていないので、何も言わずいきなり口に何かものを突っ込まれたように感じる。だから高齢者は「何をするんだ！」と怒ります。

あるいは、介護者が「お風呂に入りましょう」と言って服を脱がせたのに、高齢者は聞こえておらず、無言でいきなり服を脱がされたと思って抵抗してしまう。

ですから周りの人は、**高齢者が聞こえていないということを知っていれば、「何を怒っているのか、意味がわからない」というのが減る**はずです。

ではどうすればいいかというと、**低い声でゆっくりと正面から話しかければ、だいぶ聞き取ってもらいやすくなります。**なぜならば、高齢者は高い音が聞こえにくく、低い音が聞きやすいからです。

また、**耳がよく聞こえないことで、怒鳴りやすくもなります。**自分が発している声も聞こえにくくなるので、ついつい大声を出してしまうのです。

聴覚が悪くないかは、耳鼻科で一度確認すべきです。残念ながら難聴であることが発覚した場合は、**補聴器で対応できることもあります。**

ただ、怒りやすい人の場合は、補聴器をすぐにやめてしまいがちです。[2] なぜならば、補聴器はすぐにうまく使えるわけではないからです。何度か調整しながら、慣れていく必要があります。ですから、「根気よく補聴器を使うことで、聞きやすくなる」ということを理解してもらうか、認知症が進行する前に補聴器の補正をしておくことが必要です。

介護者を悪人だと決めつけて、介護拒否をしてしまうことが

記憶力の低下も、怒りっぽくなることに関係します。記憶力は認知症でも低下しますが、年を重ねることでも低下しやすいものです。

長期的な記憶よりも、短期的な記憶のほうが忘れてしまいます。ですから先の例でいいますと、「お風呂に入りましょう」と言われたことはすぐに忘れます。そこで服を脱がされそうになると、介護者を「いきなり服を脱がせようとしたトンデモナイ人」という扱いにし、「何をするんだ、この野郎！」と怒るわけです。

しかも、**怒った感情は年を取っても比較的残りやすい**ので、「この介護者には、何かで怒ったな」という記憶というか恨みはしぶとく残ります。結果として、その介護者からの介護を拒否します。やがて、このような恨みを抱いた介護者が増えていき、介護を一切受け付けなくなるという事態が起きてしまうことさえもあるのです。

では、どれくらいの人が暴力を振るうなどの攻撃性を持つのかというと、６・９％だといわれています。特に**鬱の傾向があると、通常の３・３倍に跳ね上がります。**[3]

鬱なのに攻撃性？と不思議に思うかもしれません。それは鬱傾向であるがゆえに、ちょっとしたことで自分を否定されていると勘違いしやすくなるので、過敏に反応してしまうからです。

また、**妄想しやすい人は2倍、幻覚がある人は1・4倍、怒りやすくなります。便秘の人でも1・3倍怒りやすい**です。便秘は一見関係なさそうですが、便秘になるとやはりイライラすることも多いですから、攻撃性が増してしまうのです。

まずは落ち着くのを待つ。ダメなら「措置入院」か「医療保護入院」

そこで、どうすればいいのでしょうか？　まずは**一歩離れて、距離を取って感情が落ち着くのを待ちましょう。**入浴時間が迫っているからと焦って、「いいから、お風呂に入りましょう！」とすると、むしろもっと入ってくれなくなります。

ただし、自殺を試みたり、子供を殺すと言って刃物を振りかざしたりという「自傷他害《じしょうたがい》」など、人命にもかかわるような深刻な状況になった場合は、落ち着くのを待つだけでは不十分となります。

精神科の先生と相談して、必要に応じて入院などで処置をする**「措置入院《そちにゅういん》」**を検討しないといけない場合もあります。

はたまた、家族との相談でそこまでではなくても入院させる**「医療保護入院」**というのもあります。この入院が普通の入院と違うのは、本人の了承がいらないことです。通常ですと、入院する場合は本人の了承が必要ですが、一大事を想定してこのような方法があるのです。「本当に切羽詰まった時に備えられる方法がある」と知っておくだけでだいぶ安心できますし、結果として家族全員の命を守ることにもなります。

人間は死ぬまでエッチな生き物

性的なトラブルも絶えません。言葉の暴力もあれば、実際にお尻や胸を触るなどの物理的な暴力もあります。

年を取るとエッチなことは考えないとついつい思われがちです。けれども、そんなことは全然ありません。性的なことは、男性でも女性でも興味があります。男性の29％、女性の22％に、性に関するトラブル[4]があることもわかっています。私が所属する眼科で入院している高齢者でも、看護師さんのお尻を触ったりして問題になる人もいれば、「道ならぬ恋をしている」と打ち明けてくれた70代の女性もいました。

高齢者も性的なことに興味があることがあまり知られていないために、見えないところでセクハラが起きていることもあります。例えば、妻が義理の父の介護をしている時に胸を揉まれたとしても、なかなか人に言い出せません。勇気を振り絞って夫に言っても、「年寄りはエッチなことに興味がないから、何かの勘違いだろう」と思われてしまうのです。ですから、**高齢者でも性的なことに興味があるのを知っておくことは、実は大切**なのです。

「否定をしない」「指摘をしない」というのが、認知症の対応では基本的には望ましいとされています。しかし暴力や性的なものとなると、毎回否定や指摘をしないといけなくなります。ですから、自分自身が認知症の人の家族や介護者ではなくても、周りで苦労している人がいましたら、サポートをしてあげてください。本当に板挟みで苦しいものです。

好きな曲に合わせて歌うと、怒りも認知症の進行も防げる！

一方で、**なるべく暴力を振るわないようにするために本人ができることもあります。**タッチやハンドマッサージは、落ち着かせるのに効果的です。[5]

音楽療法も有効であるといわれています。[6]とはいっても、介護施設で時折見かけるような音楽をかけながらのお遊戯《ゆうぎ》が最も効果的、というわけではありません。曲は誰かが決めるよりも、懐メロなど**自分が好きなものを選んだほうがいい**です。**曲に合わせて歌うと、さらに効果的**です。カラオケに行くのもいいのですが、自宅で１日に１回歌う程度でも十分です。すると、心が落ち着いてきます。また、認知機能も維持されるので、**認知症の進行予防になります。**

曲を流す際は、ヘッドホンで大音量というのはやめましょう。音量は抑え気味にしたほうが耳に負担がなく、かつ耳の訓練にもなります。

「短気」「暴力」「セクハラ」の正体

↓怒りを抑えつけると、もっと怒ることになり、暴力に発展することも

↓認知症だと、「自分に悪いことをされている」「悪意を向けられている」と勘違いして、怒りっぽくなる

↓認知症の人は感情のコントロールが苦手

↓認知症以外でも、難聴、記憶力低下、鬱、妄想、幻覚、便秘など、怒りっぽくなる原因はたくさんある

↓年を取っても、怒ったことは記憶に残りやすい

↓高齢者も性的なことに興味がある

●周りの人がしがちな間違い

・怒りを抑えつけようとする

●周りの人がすべき正しい行動

・すぐに言うことを聞いてくれない場合は、焦らずにじっくりと話していく

・怒り出したら、一歩離れて、感情が落ち着くのを待つ

・深刻になってきたら、医師と相談して措置入院や医療保護入院を検討する
・高齢者もエッチなことが好きなのを知っておく
・暴力で困っている人がいたら、サポートする

自分がこうならないために

・好きな音楽を聴く
・曲に合わせて歌う
・怒りの原因となる症状（難聴、記憶力低下、鬱、妄想、幻覚、便秘など）を治療する
・補聴器をつける。調整には時間がかかることも理解しておく

※「周りの人がすべき正しい行動」「自分がこうならないために」にある各々の項目の中には、「周りの人がすべき正しい行動」「自分がこうならないために」の両方に該当するものもあります（以下同）。

認知症のよくある困った行動【その2】

オシッコを漏《も》らす／ウンコを漏らす

――おもらしの原因は認知症だけに限らず。それと、認知症の薬がおもらしを招くことも……

　Bさんの夫は元々体が不自由なところもありましたが、つい最近までは日常生活に必要なことは自分でしていました。

　ところが認知症の進行により、少しずつ難しくなってきたのです。そのうち、尿に関しても自分でトイレに行って出すことが難しくなり、漏らしてしまうことが増えました。そこでオムツを使うことになったのです。

夫「おい、ションベン出たからよ」

Bさん「え、何？　オムツのことですか？」

夫「だから出たって言ってるだろう。うるせえな」

　昔より言葉も荒くなり、妻であるBさんに強く当たるようになってきました。それでもBさんは献身的にサポートをして、オムツを替えるなど下《しも》の世話をしていました。

しかし、ある日、

夫「お前、ちょっと出たからよ」

Bさん「はい、（オムツを）替えますね。ん⁉　あらっ……」

夫「『あらっ』じゃねえんだよ。バカ野郎！」

便が出ていたことでつい奥さんが「あらっ……」という一言を発したことに、夫は激怒しました。

オムツを装着すれば一件落着、ではない……

認知症になると、便と尿は切り離せない問題です。**尿漏れは、認知症になると９割起こる**ほどです。脳の広範囲でレビー小体という異常なタンパクがたまって、脳の神経細胞が徐々に減っていく「レビー小体型認知症」になると３・２年で、アルツハイマー型認知症になると６・５年で、平均して尿漏れをします。[1]

しかも、**本人は尿漏れしているのに気づいていないこともあります。**家族がニオイに困っていても、本人は尿のニオイに慣れてしまっているから、あるいは、嗅覚障害が起きていて尿のニオイを感じにくいから、という理由があるのです。

ありがちな間違いとしては、「オムツをつけていれば済む話」と、問答無用でオムツにして**しまうこと**です。確かに尿漏れは防げます。けれども、**オムツをしていると85・5%の確率で感染症を引き起こします。**[2]

さらには、オムツをつけた違和感により徘徊をしたり、むずむずしてイライラしたり、プライドを傷つけられて介護拒否になったり……、と多くの問題を引き起こしてしまいます。「とりあえずオムツでいいでしょ」とはいかないのです。

それと、オムツに尿を1、2回漏らすだけで、「もう自分ではトイレに行けない」と決めつけてしまうこともあります。

便でも尿でも大人になってから漏らしたことがない人は、**一度オムツを穿《は》いて尿や便を出してみるといいかもしれません。**何となく力が入らず、出切らないと思います。ちょっとした罪悪感といいますか羞恥心もあり、嫌なものです。

私も実際にやってみましたが、最初はなかなか尿も便も出ませんでした。そのうち限界になってやっと出ましたが、それでも「あれっ、これでズボンは汚れていないかな？」と心配になります。ですから最初は、トイレでオムツを穿いたまま出しました。オムツにも薄型と長時間用がありますが、やっぱり長時間用のほうがゴワゴワします。それと、外出中や人がいる時には、もっと出しにくかったです。

なぜこんな話をしたのかといいますと、オムツをつけるとはどんな状態なのかを身をもって知っていただきたかったからです。オムツを装着する人の気持ちもわかり、オムツを使うかどうかに慎重になると思うのです。そしてオムツをすることで逆に自己否定につながり、怒りやすくなったり介護に拒否的になったりなど、むしろ大変になってしまうこともあるのが実感できます。

「わからない」を「わかる」に変える。これぞ、尿漏れ解決の極意

なぜ認知症になると、尿漏れが起きるのでしょうか？　それは、機能性排尿障害が原因となります。機能性排尿障害とは、「トイレの場所がわからなくなった」「トイレの使い方がわからなくなった」「ズボンやスカートが脱げなかった（脱ぎ方がわからなくなった）」「尿意がわからない」など、あらゆることが起きることです。共通するのは「わからなくなる」ということ。

「わからないから漏れる」ということなのです。

そこで**対処法としては、「わからない」を「わかる」に変えること**になります。

トイレの場所がわからないのなら、**トイレの場所をわかりやすくする。**例えば「トイレ」と大きく書かれた紙を貼る。電気をつけておく。ドアを開けておく。いろんな方法が考えられます。

トイレの使い方がわからないのなら、**簡単な図や絵を用いて文字はなるべく少なくした使い方を表記して理解してもらう、思い出してもらう**という方法があります。流すレバーがわからず流せていない時は、**誘導して一緒に流して習慣化してもらいます。**

ズボンやスカートの脱ぎ方がわからないのなら、ボタンやファスナー(「チャック」や「ジッパー」とも呼びますが)を外さなくていいタイプに変えるのが一つです。ズボンならジャージなど、ゴム式で**簡単に脱げるものがいい**でしょう。

尿意がわからない場合は、対処法として二つの方法があるといわれています。3)

一つ目は「排尿自覚刺激行動療法」。定期的に、尿意があるのかを確認するという方法です。

「オシッコしたいですか?」というように定期的に確認すると、「したいです」と言われなくても、そぶりとしてオムツの所を手で触るなど示してくれることがあります。

実は、「オムツをいじったり外したりという行為は、尿意の現れ」というのは、4割の人が知らないともいわれています。[4] これだけでも知っておくと、「オシッコに行きたいのかな?」と察することができます。尿意のサインに気づけば、トイレに連れて行ってオシッコをしてもらえる確率が高まります。ただ問題点としては、認知症の人が尿意を多少なりとも感じていなければいけないこと、それを表現できることが必須になることです。

二つ目の方法は、「定時排尿誘導」。**尿意の有無にかかわらず、2~4時間おきにトイレに行くという方法**です。一度トイレに行くと2時間は尿漏れをしないことがわかっています。「定期的に」が難しい場合は、尿漏れの多い時間帯に合わせてその時だけトイレに連れて行くという策も有効です。

これらの方法をとることで、80%以上がオムツに頼らずに排尿可能になったという報告もあります。

認知症の薬が、尿漏れを促進させることがある

認知症の場合は、過活動膀胱《かかつどうぼうこう》も関連します。膀胱が活動しすぎて排尿したくなる状態です。認知症でなくても高齢者の12・4%は発症しているのですが、アルツハイマー型認知症になると30〜60%が、パーキンソン症候群やレビー小体型認知症といった認知症になると60〜90%が、過活動膀胱になります。

過活動膀胱の場合は、膀胱や骨盤底筋のトレーニングが有効です。

膀胱のトレーニングとは、膀胱に尿をためる練習です。尿をためずにどんどん出してしまうと、膀胱はちょっと尿があるだけで「すぐに尿を出さなければ」と思ってしまうので、ためる練習をするわけです。最初は、尿意があっても5〜10分間は我慢してから尿を出します。徐々に時間を延ばして、30分間ぐらいまで延ばすことを目指します。ただ、感染症がすでにある場合や残尿が多い場合は避けておきましょう。

骨盤底筋のトレーニングは、骨盤の中にある筋肉を鍛えて尿の切れをよくする練習です。肛《こう》門《もん》や膣《ちつ》を閉めたり緩めたりします。まずは、仰向けの姿勢になります（難しい人は、座っても大丈夫です）。次に、膝《ひざ》を軽く曲げてリラックスします。10秒間、肛門や膣をお腹側に引き上

げるように締めつけましょう。最初は難しいですが、慣れると簡単にできるようになってきます。できたら力を抜いて、30秒間締めつける姿勢を保ちます。これを10回行います。

また、**認知症の薬が、尿漏れを促進させることがあります。** 認知症の薬・ドネペジル（アリセプト）は、尿漏れを促進させる副作用があり、飲んだ人の７％が尿漏れを起こしてしまっています。

ですから、「薬を飲み始めてから尿漏れが増えた」という場合は、「尿漏れを起こす原因となる病気が進行した」のではなく「薬が原因」の場合もあるので、主治医と相談が必要になります。

認知症でなくても、咳《せき》やくしゃみで簡単に尿漏れしてしまう

認知症ではない高齢者でも女性で12％、男性で５％は尿漏れをします。 認知症以外の尿漏れの原因が潜んでいることがあるのです。一度は泌尿器科で診察して、認知症以外の原因も考えたほうがいいでしょう。

認知症以外の原因としては、いくつかあります。

まずは、**腹圧《ふくあつ》。お腹に圧力がかかること**です。くしゃみ、咳、重たいものを持ち上げた時などに、腹圧は生じます。腹圧による尿失禁の**「腹圧性尿失禁」は特に女性が多い**です。尿道の出口にティッシュを当てて、立ったまま強く咳を数回してみてください。ティッシュが濡《ぬ》れたら、腹圧性尿失禁の可能性が高いです。この場合は圧を抑えるために、先ほど紹介しました**骨盤底筋のトレーニングが有効**であることがわかっています。

抑えがたい強い尿意が急に起こり、尿が漏れてしまうことも原因としてあります。膀胱の筋肉が過剰に活動したり、収縮力が弱くなったりすることが関係するとされています。これにより起きてしまう尿失禁が**「切迫性尿失禁」**です。**頻繁にトイレに行く習慣があることも、切迫性尿失禁の発生率を高めてしまいます。認知症によりオシッコへのこだわりが強くなることも、切迫性尿失禁を起きやすくする原因になってしまいます。解決策としては、骨盤底筋や膀胱のトレーニング**で実際に改善することがわかっています。

膀胱に大量の尿がたまって、尿道からあふれ出てしまうことも原因になります。これによる尿失禁が**「溢流性《いつりゅうせい》尿失禁」**。自分で尿を出したいのに出せない、でも尿が少しずつ漏れ出てしまうという現象が起きてしまいます。特に**男性の前立腺《ぜんりつせん》肥大で起きやすい**です。オシッコの切れが悪くなるというと、わかりやすいかもしれません。**男性は高齢になると、５人に１人は前立腺肥大になります。**溢流性尿失禁の場合は、セルフケアよりきちんと治療を受けることが大切です。飲み薬を処方してもらったり、場合によっては自分で尿を出すように導尿をしたりすることもあります。また、薬が原因のこともあるので主治医に相談が必要です。

寝る2時間前に一度横になると、なぜ尿漏れが防げるのか？

尿漏れに対応する解決策としては、他にもあります。

夜間の尿漏れ・頻尿を防ぐのによいのが、寝る2時間ほど前には一度横になるという方法です。

起きている時は重力があるので、水分は足にたまりやすくなります。だから、夕方に足がむくむということがあります。ところが夜に寝ようと横になると、足先から頭の先まで水平になります。すると、足先にあった水分が全身へ巡ることになります。結果としてその水分が尿となり、頻尿を起こしやすくするのです。

そこで寝る前に、水分を摂りすぎないだけではなく、寝る前に横になって水分を体全体に一度行き渡らせておくと、夜間に頻尿になりにくいわけです。

排尿日誌もオススメです。「いつどのくらい水分を摂ったか」「いつオシッコが出たか」というのを、数日間にわたってメモします。すると、水分を摂取した時間と排尿の時間との関係が見えてきます。いつ、どのくらいの水分を摂ると、尿漏れのリスクを下げられるかがわかってくるのです。

オシッコが怖くて水分をあまり摂らないという高齢者も実は多いのですが、排尿日誌をつけることで水分を適切に摂れるようになります。

水分をあまり拒絶すると、健康を大きく害します。水分が足りないと脳梗塞《のうこうそく》など血管が詰まる病気はもちろん、便秘にもつながります。

介護施設入所者の半数が便を漏らす

高齢者には、尿だけでなく便の問題もあります。**便漏れ（便失禁）は高齢者の7％にあるといわれていますが、介護施設入所者となると50％が便失禁をしています。**[5]

認知症による便失禁の原因としては、「トイレの場所がわからない」「どうやって便を出したらいいかわからない」「便意がわからない」といった、先ほどの尿と同じ**「わからない」ということも原因**になります。

対処法としては、尿の時と同じようにトイレの場所をわかりやすくするのが一つ挙げられます。ただし、便失禁に関しては残念ながら、定期的にトイレに行ったり、便意があるかを聞いたりすることが、あまり効果的ではないことがわかっています。

定期的にトイレに行くことが効果を出しにくいのは、便は尿ほどトイレに行く回数が多くないのが理由です。

ただ、先ほど紹介しました**骨盤底筋のトレーニング**をすることで、肛門括約筋《こうもんかつやくきん》を強くしてしっかり便を押し出すことが状況改善につながりますので、ぜひお試しください。

便秘が便失禁の原因になることが多いのですが、その便秘を解消するのがこの骨盤底筋のトレーニングとなるのです。肛門括約筋のトレーニングを、しっかり計測しながらする「バイオフィードバック」という方法で行うと（肛門に圧力計を留置するなどして）、43％の人は便失禁の症状がなくなったという調査もあります。6)

便意については、排便の時間帯やタイミング（朝食後など）をチェックするのが、解決につながることがあります。排便は時間帯やタイミングが決まることが多く、朝昼晩の食事などは同じリズムで行われることが多いため、便意が把握できなくても解決につながることが多いのです。

便失禁の主な原因・便秘は、周りの人にも責任がある

先ほどからも触れています通り、**便秘は便失禁の主な原因**です。単純に考えて、便が体の中にたまっていれば、いつかそれが予期せぬタイミングで出てしまう可能性が高いからです。ですから、便秘解決が便失禁解決に大きくつながってきます。そこで、便秘についてしっかり考えながら、一緒に便失禁の対策を考えていきましょう。

便秘は、**水分不足が原因**になります。高齢者本人が、尿漏れを恐れて水分を摂らずに、腸の中で便が固まって結果として便秘になるというケースがあるのです。

周りの人たちが、高齢者を水分不足にしてしまっていることもあります。食事では水分がないと食べにくいからとお茶や水を出していても、普段はこぼされたりするのが嫌だからと、お

茶やジュースを出していないということもあります。

便秘になるには、他にも原因があります。運動が減ってしまうこと、食事が少なくなることです。

高齢になると筋力が衰え、外に出る機会が減り運動量が少なくなります。でも運動は大事です。運動することで腸がしっかりと動くからです。便を出す時は筋力が必要となりますから、その筋力を鍛えるうえでも運動は大切です。眼科では20代の人に手術をすることもあるのですが、急に入院して運動しなくなると20代の人でも便秘になります。

また、運動が足りないと認知症が進みやすくなります。つまり**運動は、便秘にも認知症の進行にも有効**なのです。しっかりとした運動でなくても、歩くだけ、手足を動かすだけなどちょっとしたことだけでもいいので、体を動かすと効果的です。

食事が少なくなることも便秘の原因となるのですが、高齢者は食事が少なくなってしまうのです。年を重ねると味覚が衰え、認知症になるとさらに味覚が衰えるのですが、食事を摂る楽しみも減ってしまい、結果として食事量が減ってしまいます。レビー小体型認知症で多く発生する自律神経の乱れも、食欲不振の原因となります。

そこで、**和食にすることが、食欲を促進させるため解決策になることがあります。**[7] 2万3091人を対象にした研究でも、和食をしっかり摂っているほうが、認知症の進行が2割抑えられたと報告しています。

食物繊維や認知症の薬が、便失禁の元凶となることがある

便秘といえば、食物繊維を摂ればいいのでしょうか? 実は**食物繊維は、摂り方を間違えるとむしろ便秘を進行させてしまいます。**食物繊維には、水溶性食物繊維と不溶性食物繊維があります。水溶性食物繊維は、便を流れやすくしてくれるものです。不溶性食物繊維は、便を押し出してくれるものです。

食物繊維というと、野菜など不溶性食物繊維を含むものばかりを摂りがちです。が、どんなに押し出そうとしても硬い状態では便は先に動きません。むしろ食物繊維がたまってしまい、便秘となってしまうのです。水溶性食物繊維が豊富な海藻類なども、しっかりと食べるようにしましょう。

便秘の場合、薬には要注意です。**認知症の薬により便秘が悪化することもある**ので、薬を飲み始めて便秘が進んだのなら主治医に相談する必要があります。

また、下剤は一度便秘になって以来、病院からずっと出されることもあるため、本人も下剤を飲み続けていることに気づかず、下剤の飲みすぎで下痢《げり》になってしまうこともあります。下剤を常用することは、突然便がたくさん出たり、排便のタイミングが計りにくくなったりする原因になります。また下剤を漫然と飲み続けることで、体内に下剤の成分であるマグネシウムが多く蓄積されると、フラつきを起こし意識に影響が出てしまいます。今すぐ、どんな下剤をどのくらい飲んでいたのかをチェックしましょう。

ただし、下剤は必ずやめないといけないわけではありません。下剤を正しく使えていれば、便秘は改善するからです。

特に認知症の場合は、ケアが便まで回らないことが多いです。でも、便失禁は深刻な問題なので、あまりにもひどく続く場合は消化器内科の専門医に相談したほうがいいです。

また、便座に腰を掛けた時にしっかりと座れているかも確認してください。浅く座ってしま

図1　便座に深く掛ける

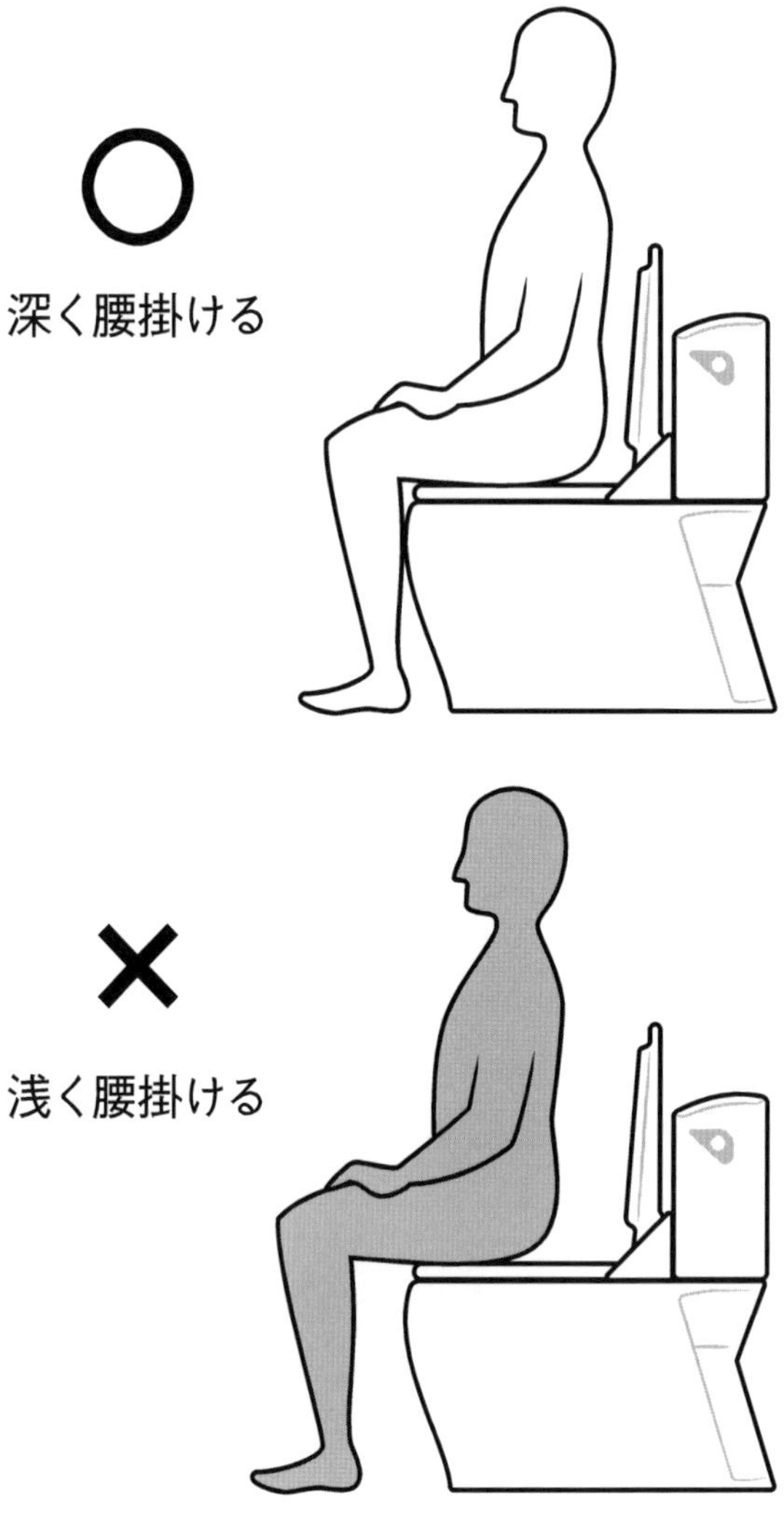

図2　腹部のマッサージ

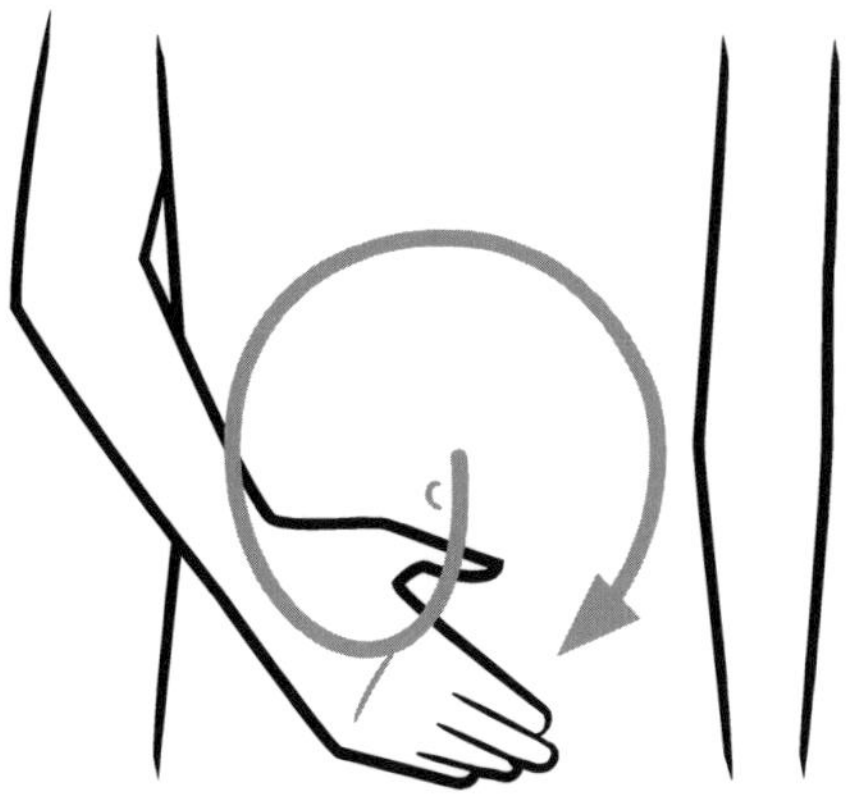

うと、腹圧がかけにくくなります。腹圧が一定以上かけられてはじめて、便はしっかりと出るのです。膝などが痛く深く座れない場合は補高便座を使えば、座りやすくすることもできます。試しに、一度浅く掛けて便を出してみてください。何だか、便を出しにくいということが実感できるでしょう。

つまり、**便座に深くしっかりと腰掛けることが、快便を促す**のです。

腹部のマッサージも、便秘解消にオススメです。「の」の字を描くようにして腹部をマッサージするというものなのですが、腸の動きがよくなり便秘解消につながります。

ちなみに便秘は、便失禁以外の原因にもなってしまっています。**徘徊、短気、暴力、ストレス過多、睡眠障害など、認知症で現れることも多いあらゆる症状を引き起こす原因として、医学界では便秘は有名になっている**のです。

便を壁に擦《す》りつける老人は、便を便だと思っていない

認知症になると便を壁に擦《す》りつける行動に出るともいわれますが、本当にそういうことは起

きます。トイレですることもありますが、リビングや寝室でもオムツにたまった便を指で塗るということもあるのです。

実際にとある病棟で、朝一番で壁に便を擦りつけている高齢者がいました。壁もそれ以外も拭いて除菌して消臭してなど……、範囲が狭くても様々なことをしないといけませんから、かなり大変なことになりました。

そもそもなぜ、便を壁に擦りつけるのでしょうか？　それは、**「便」を「便」だと認識できていないことが主な原因**です。

ぱっと目覚めてみると、オムツにベトッとした違和感がありました。気になるので、オムツの中に手を入れてみます。すると、茶色いものが出てきました。そのせいで、手が汚れてしまいます。これは困ったなと思って、壁に擦りつけて汚れた手をきれいにすることにしたのです。

こんな流れになることがあります。便を汚いとも特に思っていないのです。泥がついたようなイメージで、手を洗わずに目の前の壁に擦りつけたということです。しかも、「ウンコをした」という記憶もないのです。だからよいというわけではないですが、知っておけば少しは理解する気持ちが持てることもあるでしょう。

「おもらし」の正体

↓認知症の９割は、尿漏れを起こす

↓嗅覚障害により、尿漏れに気づいていないこともある

↓オムツが徘徊、感染症、ストレスを生む

↓トイレの場所、トイレの使い方、服の脱ぎ方、尿意、便意などがわからなくなると、おもらしをしやすい

↓膀胱が活動しすぎると、尿意をもよおす

↓認知症でなくても、男性の５％、女性の12％が尿漏れをする

↓咳、くしゃみ、重いものを持ち上げるなど、お腹に力が入ると尿が漏れやすい

↓高齢男性の5人に1人が患う前立腺肥大も、尿漏れの主な原因

↓トイレに行きすぎることも、尿漏れの原因となる

↓高齢者の7%が、介護施設入所者になると半数が、便失禁をしている

↓水分不足が便失禁を引き起こす

↓運動不足、食の細りも便失禁の原因に

↓食物繊維のせいで便秘になることがある

↓認知症の薬が、おもらしの原因になることがある

↓下剤も、おもらしの元凶になる場合がある

↓壁に便を擦りつける人は、便を便だと思っていない

●周りの人がしがちな間違い

・「オムツをつけさせればすべて解決」だと決めつける
・認知症の薬なら何でも、おもらしが治せると思い込む

●周りの人がすべき正しい行動

・オムツを使う人の気持ちを理解する
・（あくまで一つの提案だが）一度はオムツを穿いてみて、尿や便を出してみて、その時の体験を脳裏に焼き付ける
・トイレの場所をわかりやすくする。そこで、トイレの前に「トイレ」と書かれた大きな紙を貼る、トイレのドアを開けておく、トイレの電気をつけておく、などをする
・「オシッコに行きたいですか？」と定期的に確認する
・２〜４時間に一度は、尿意の有無に関係なくトイレに連れて行く

・排便の時間帯・タイミングを調べる

自分がこうならないために

・ゴム式など脱ぎやすいズボンやスカートを穿く
・膀胱や骨盤底筋を鍛える
・寝る2時間ほど前には一度横になる
・排尿日誌をつける
・和食を積極的に摂る
・食物繊維は、水溶性と不溶性の両方を摂取する
・用を足す場合は、便座にしっかりと深く腰を掛ける
・腹部をマッサージする

認知症のよくある困った行動【その3】

徘徊する

——便秘、視界が狭くなることでも、徘徊は起きてしまう

Cさんの母は最近言動もおかしく、心配なので医者に診てもらうと「認知症」と言われました。まだ普通に会話もできれば、記憶もそれほど衰えてはいない、まだまだ軽度の認知症です。

父は他界してしまっているので、一人では不安ということもあり、Cさんは母と同居することにしました。でも夫も仕事があるため、引っ越すこともできません。そこで、Cさんの家に母を連れてきて同居することにしました。最初はぎこちなく、そわそわしていた母ですが、次第に慣れてきてくれて「同居してよかったな」と思っていました。

日曜日、夫は休日出勤で仕事、子供は部活の試合に行って、家には母とCさんだけ。お昼を食べた後、晩御飯の買い出しを早めに行こうと、Cさんは14時に家を出て15時には家に戻ってきました。でも、家にいるはずの母がいません。焦って家中を探します。

Cさん「お母さん。どこ?」

返事がありません。もしかして、よく行く川辺に散歩かな?と思いました。しかし妙な胸騒ぎもします。一応探しに行きました。しかし、いつもの散歩コースにもいない。周りを探してもいません。家に帰ってきているかと思って戻ってみると、母はいません。携帯電話に電話してみましたが、家に置きっぱなしです。焦って夫に電話しました。

Cさん「あの、お母さんがいなくなっちゃったの。どうしよう……?」

夫「どうしようって、今日は君が面倒を見ててくれてたんだろう」

きつく言われましたが警察への連絡を勧められ、地域の放送をかけてもらいました。幸い、近くの道で座っている母を近所の方が見つけてくれて、大事《だいじ》には至りませんでした。

「認知症になると、目的もなく歩き回りたくなる」は非常に稀

徘徊している高齢者を見たことがあるでしょうか? 普段歩いていてもそうそう見ないと思います。しかし、**徘徊による行方不明者は1万人**ともいわれています。1) **アルツハイマー認知症は、10人に6人が徘徊**しているといわれています。2)

なのに、なぜ普段はめったに見かけないのか。それは、徘徊とはいっても、**見た目は「普通**

に歩いている」のと変わらないから、周囲は気づきにくいのです。

徘徊から行方不明となり命にかかわることもありますから、徘徊は深刻な問題です。

認知症による徘徊はなぜ起こるのでしょうか？　認知症になると何だか歩き回りたくなると思っている人も多いですが、そう決めつけることはできません。

認知症による徘徊とは、目的があって外出したのに、認知機能が低下して記憶力が弱まることで、来た道を忘れて道に迷ってしまったり、外出した目的自体を忘れてしまったりすることで起きてしまうのがほとんどであるからです。

また、徘徊というと「重い認知症の人しかならない」と思いがちですが、そうではありません。軽度の認知症でも起きます。**行方不明になった人の2割程度は、「認知症と家族が気づいていなかった」というぐらい軽度**です。

さらに徘徊は、認知症なら必ず起こるわけではありません。**認知症の状態に、心理的・環境的要因が追加されて起こります。**その要因は人によって様々で、次の通りです。[3]

まずは、**「帰宅願望性」**。同居のために引っ越したり、病院や施設に入ったりしている時は特に顕著です。さらに、現在の家は自分が住み慣れていても、子供の頃に暮らしていた家に帰りたいと思ってしまうこともあります。

二つ目は、**「勤勉性」**。「仕事に行かねば」「家事をしなくちゃ」など考えてしまうことです。定年になったけれども仕事の癖が抜けず会社に行こうとしたり、料理をしなくなったのに材料の買い出しでスーパーに行こうと思ったりしてしまいます。

三つ目は、**「親密性」**。同居していない家族や友人に会おうと、外に出ることがあります。あるいは、自分は家で邪魔者《じゃまもの》になっているからと思い込んで、出て行ってしまうことも。

四つ目は、**「生理的要因性」**。トイレや歯磨きに行こうとするのですが、行先を間違えてそのまま外に出て行ってしまいます。

最後は、**「無目的」**。特に目的がないということです。

このように要因がいろいろとあるので、要因を知らずに無理やり連れ戻せば、高齢者は抵抗します。力づくで戻せなくはないですが、**「家に帰ろうとしているのに無理やり連れ戻された」というように、周囲がひどいことをしていると思い込んで、症状や状態はさらに悪化**してしまいます。

まずは徘徊の目的から探ろう

さらにややこしいことに、辞書に載っている一般用語でいう「徘徊」とは「目的もなく歩くこと」です。しかし **〝認知症による〟徘徊は「目的があって歩くこと」がほとんど**です。目的はあるけれども忘れてしまったり、そもそも達成できない目的（入院しているけれども家に帰るなど）だったりするわけです。だから「徘徊なんだから、目的がないのだろう」と勘違いしないで、正しい対処が必要になります。

例えば眼科でも、入院する患者さんに認知症の人がいます。治療が必要で入院していただいていることは何度か説明し、その度に理解はしてくれるのですが、すぐに忘れてしまいます。ふと目を覚ますと「知らない所にいる。家に帰らなきゃ」と思ってちゃんと身支度を整えて、荷物も持って家に帰ろうとするのです。本当に病院から出て行ってしまって、捜索したこともあります。

家にいる高齢者なら、「ちょっとコーヒーを近所のコンビニに買いに行くつもりだったけれども、途中で何をしに来たか忘れてしまう」「違う道に行ってしまい迷う」ということもあります。はたから見ると「目的をもって普通にコーヒーを買いに来ている高齢者」なのか「コーヒーを買いに来たのだけれども、その目的を忘れてしまった高齢者」なのかは見分けがつきません。だから、周囲は「徘徊を見かけた」という認識もないのです。

対処法を考えるにあたり**まず大事なのは、徘徊している人がどういう目的で徘徊しているかを探ること。**目的がわかれば、その目的にそってお話しします。「仕事に行かなきゃ」と思っている人がいるのでしたら「仕事はないんですよ」と言ってもダメです。徘徊する本人は、仕事があると思い込んでいるからです。「仕事ですか、大変ですね。ちょっとご一緒させてください」としばらく付き添って、**落ち着いたら「今日はそろそろ帰りませんか?」と言うのが正しい方法**です。

とはいっても、うまくいかないことも多いので、**「徘徊の目的がわかれば運がいい」程度にとどめましょう。**徘徊している人が素直に理由を言ってくれるとは限らないからです。**介護施設にいるプロの人たちでさえ、53・3%は対応を間違えたことがある**[4]と言っているくらいです。

例えば、徘徊中の高齢者に「どこに行くんですか?」と聞いたら、高齢者が「ああ、今日は暑いからね」と返事をしたとしましょう。でもこの返事、涼みたくて外に出ようとしているのか、「暑い」というのは挨拶程度でかつての勤務先などに行こうと強く思い込んでいるのか、判別するのはとても難しいですよね。

もし対応を間違えてしまうと、高齢者が余計興奮してしまうこともあるので、本当に難しいです。

少しでも徘徊を減らすには、出入り口に格子模様を付けるという方法もあります。5)

便秘や視野が原因で徘徊することも

徘徊する原因が体の症状の場合は、症状の改善で徘徊が軽減します。

便秘による徘徊もあります。便秘による不快感でトイレを探す、不快なので歩き回る、ということで結果的に徘徊になってしまうのです。

そこで周囲は、そういう高齢者なら事前に注意を向けることができますから、高齢者が便秘がちかどうかをチェックしてみましょう。

視野が狭くなることによっても、徘徊は起きます。広い視野をとれていれば、自分がどこに向かっているのか、どこにいるのかもわかりますが、視野が狭くなるとそれがわかりにくくなります。また高齢者は足元を見ながら歩くことも増えるために、余計に自分が今どこにいるのかがわかりにくくなるのです。

トイレの場所がわからなくて、フラフラと外に出てしまうケースがあります。そこで、トイレの場所をわかりやすくしておくことが必要です。例えば、**トイレのあたりにスポットライトを設置**するといった策が考えられます。光があれば視野が狭まっていても気づきやすくなります。トイレに行く途中の電気をつけると目が覚めてしまうし、面倒だからと暗がりの中トイレに行くという高齢者もいるため、この方法が効果的です。高齢になると、暗いところでは若い人の2倍光がないと見えないため、特に夜はトイレまでの道筋をわかりやすくしておく必要があります。

スポットライトを設置するのが面倒だったり、賃貸住宅であることから壁や天井への取り付けが厳しかったりする場合は、**トイレの電気をつけてドアを開けておく**という手軽な方法もあります。

「トイレ」と大きな字で書いた紙をトイレの扉に貼り付けたり、トイレ付近の天井から吊るしたりするのもいいでしょう。白い紙に大きな字で書くのがコツです。木の板といった茶色い地に白字で「トイレ」と書かれたものがホームセンターなどで売っていますが、これは見た目はオシャレではあるものの、字の視認性でいえば白地に黒字がベストなのです。

視力が悪ければ、**目の治療やメガネの調整も効果的**です。

また、**視野を広げるための訓練**があります。見ている風景を広げていくという訓練です。窓から風景を見たとしましょう。例えばマンションが見えたら、次にその周りの風景を見ます。さらには空から地面まで全体を見る。このような手順をとっていきます。

認知症の初期で、自分でできるのであれば自分でやります。難しい場合は、介助者と会話をしながらします。「何が見えます？　マンションですか？　何色ですかね？　周りには他に何かありますか？」というように見える範囲を広げてもらうのです。

「施錠《せじょう》した家に閉じ込める」「24時間監視」は無理

徘徊はひとたび起きれば、ケガをしたり、最悪の場合は死に至ることもあります。そんな事件や話を聞くと、あまり認知症の人に携わっていないほど「徘徊できないようにすればいい」

「24時間監視をすればいい」と思いがちです。

しかし、徘徊できないようにあらゆる場所に施錠《せじょう》をするとどうでしょうか？　例えばあなたが朝起きたら知らない場所に入れられていて、すべてのカギがかけられているという状況と同じです。どう思うでしょうか？　他に出口がないか探したり、ドアを壊そうとしたりしませんか？　家族の立場としても、「24時間閉じ込めておく」というのは心理的に嫌なものです。

施錠までしなくても、24時間監視なんて現実的にはできません。「機械や道具を使えばできる」と思うかもしれません。病院でも、センサーマットといって夜にベッドから出ると音が鳴る道具を使うことがあります。でも、高齢者がセンサーマットから外れてベッドから出て行ってしまうことがあります。また、いつも用事もないのに出入りしてセンサーが鳴るので、周囲は「またいつものことか」と思ってしまうこともあります。

まして病院のように交代制でなければ、センサーが鳴るたびに確認に行かなければいけません。徘徊は夜だけでなく昼間も起きます。つまり、**24時間離れられなくなる**のです。周囲は食事の買い物、炊事、入浴、トイレに行くなどもしないといけませんから、現実的にかなり難しいことなのです。

もっと手軽でありそうな方法としては、徘徊しないようにイスから動かないようにすることも考えられます。一見いい方法に思えそうですが、イスに座るのは高齢者にとってあまり自然な状態ではなく、ソワソワしやすくなることがあります。強制的に着座させられた後は、再び起立しようとする行動が多くみられたと指摘する研究もあるくらいです。[6)]なぜならば、座っているよりも立っているほうがラクなことだって高齢者にもありますし、まして強制的に座らせられたら、たいていは立っているほうがラクでしょう。なので、無理に座らせるのも正解ではありません。

家の出入り口に感知器を設置することでチャイムや警報音が鳴るようにしておき、高齢者の外出を周囲に知らせる方法もあります。これは徘徊が起きた時に早期に発見するのに役立ちます。

でも、問題もあります。何度もチャイムが鳴って面倒になる、家族がそもそもずっと一緒に家にいられるとは限らないといったことです。

再現性の高い徘徊の予防策は、運動です。特に散歩は、効果的だといわれています。徘徊をする高齢者は運動が足りないということがわかっているからです。特に施設に入所していると、運動が足りなくなります。**運動不足を補うため、どこかに行きたくなるということもある**のです。一緒に散歩をしてあげることが、徘徊の予防になります。

また、単に散歩をするだけよりは、「デュアルタスク」といって**二つの作業を同時にこなすと、認知機能をさらに鍛えることができます。話しながら散歩をする、歌いながら散歩をするといったこと**です。

自分が将来徘徊しないためには散歩もそうですし、自宅の中で運動をする習慣をつけておくことが大切です。始めるのは早ければ早いほどいいでしょう。

GPSを持たせ、行方不明になったら半径500メートル以内を探す

徘徊そのものも避けたいですが、徘徊を100%防ぐことはできません。ですから徘徊した時に、「早期に発見する方法」「なるべく死に至らない方法」を知っておくべきです。

早期に発見する方法として、一つはGPSがあります。GPSというのはスマホなど携帯電話にも搭載されていることが多く、その人の位置を特定できる機能です。とっても有用ですが、

問題点としてはＧＰＳを搭載した機器を持ち歩かないといけないことです。携帯電話などを持ち歩く習慣がなければダメです。そこで**靴にＧＰＳをつける**という方法をとることもあります。

さらに**早期に発見する方法としては「家の中・そして家から５００メートル以内を徹底的に探す」**ということです。徘徊というと電車に乗って他の県に行ったなどというニュースやドラマもありますが、それは稀です。死亡となってしまうような事件でさえ、**11人中８人が５００メートル以内で発見されています。**7）つまり近場で見つかることがほとんどなのです。

30分程度探しても見つからない場合は、直ちに警察などに相談しましょう。時間を区切らず「自分たちでできる限り探して、人に迷惑をかけないでおこう」という気持ちはわかります。けれどもそれで通報が遅れてしまい、死に至ってしまうというケースも多いのです。見つかったら迷惑をかけたぶん、後でしっかり謝ればいいだけです。

「死に至らない」ためにも早期の発見、早期の対処が必要になります。**一度行方不明になると、3割の人が死亡**してしまいます。死亡は、決して稀ではないのです。

そして、生存するためにはできれば翌日までに、最悪でも翌々日までに見つける必要があります。**実際に生存した人は7割が翌日に、残りの2割が翌々日までに見つかっていて、**[8] それ以降に見つかって生存している確率はかなり下がっています。

行方不明になって死亡になる原因としては、溺死《できし》や凍死が多くなっています。特に凍死は、時間の経過により起きますから、早く発見することが重要となるのです。そこで、そのままの格好でいつ外に出て行ってしまっても温かくしておくために、**普段から家で「薄着で部屋を温かくする」よりは「少し温かい服装にする」**のも大事です。

徘徊SOS、持ち物に名前を書くなど予防策はいくらでもある!

徘徊の早期発見のためには、**近所の人と顔を合わせておく**のも有効です。認知症になると、高齢者本人も周囲も近所の人と顔を合わせたくないという気持ちもわかります。しかし、ある程度面識がある人のほうが、いざ徘徊した場合に助けてくれることがあります。負担にならない範囲で道で会ったら挨拶する、などしておくことが必要です。

また**徘徊SOSネットワーク**というのがあります。自分の住む市区町村にあるかを調べて、あれば登録しておくといいでしょう。氏名・年齢・住所・身体的特徴・写真など本人の情報を登録しておくことで、徘徊による行方不明発生時にすぐに情報が出回るようになりますから、早期発見に近づきます。

こまめに写真を撮って徘徊時の服装がすぐに特定できるようにしておくのもいいことです。毎日のようにいろいろな種類の服を着るという高齢者はさほど多くなく、比較的似た服装のパターンとなるのでこまめに写真を撮っておけば、着ている服を知りやすくなります。

衣服やカバンに名前や住所を書くのもオススメです。私の父はまだ認知症ではありませんが、結構酔って持ち物をなくします。背広の上着をなくしたこともありましたが、名前が書いてあって戻ってきました。このように「よく酔ってしまう」のなら、なおさら早いうちから準備しておくといいかもしれません。

もし、「徘徊しているのでは？」という人を見かけたら、「どうしました？」と声をかけてみてください。**答えがはっきりしないなど徘徊が疑われる場合は、１１０番、**つまり警察に連絡してください。徘徊ＳＯＳネットワークなどもありますが、どの自治体にもあるとは限らないため、全国どこでも使える１１０番が確実です。

徘徊してもみんながサポートしてくれる町が作れれば、認知症の人でもかなり安心して過ごせます。認知症の人が住む町のような環境を提供している国があります。そこでは買い物も、歩き回りもできます。徘徊しそうになった時に周りの人がサポートする体制も整っているのです。そうすることで、認知症の進行がさらに予防できることもわかっています。

大切なのは、どんなに頑張っても100%徘徊を防ぐことはできないことを念頭に置き、仮に行方不明になっても、周囲の人は自分を責めすぎるのではなくて、やるべきことを粛々《しゅくしゅく》と進めていくことです。と同時に、施設に預けたから100%防げるわけでもないという事実も理解しておくべきです。もちろん施設の怠慢《たいまん》での徘徊はよくないですが、どんなに注意をしていても起きてしまうことですから。

「徘徊」の正体

↓徘徊に周囲は、かなり気づきにくい。普通に歩いているの

と判別しにくいから

↓軽度の認知症でも発症する

↓認知症になると、無性に目的もなく歩き回りたくなるとは限らず、それは非常に稀

↓認知症でなくても、便秘、視界が狭くなることでも徘徊は起きてしまう

●周りの人がしがちな間違い

- 家に無理やり連れて帰ろうとする
- 家中にカギをかける
- 24時間監視する
- イスに固定して動かないようにする

・出入り口に感知器を設置すれば解決だと思う

周りの人がすべき正しい行動

・徘徊の目的を探り、落ち着いた頃に帰宅を促す
・高齢者が便秘しやすいかを知っておく
・トイレのあたりにスポットライトを設置するか、トイレの電気をつけてドアを開けておく
・トイレのあたりに、「トイレ」と黒くて大きい字で書いた白い紙を貼っておく
・GPSを持たせる。GPSを靴につける
・行方不明になったら、半径500メートル以内を重点的に探す
・30分探しても見つからなければ、警察に通報する
・行方不明による凍死を防ぐために、普段から温かい格好をさせる
・近所の人と顔を合わせておく
・徘徊SOSネットワークに登録する
・こまめに写真を撮っておく
・衣服やカバンなど持ち物に、名前と住所を書いておく

- 徘徊を１００％防ぐのは不可能だと認識しておく
- 話しながら、歌いながらなどしつつ一緒に散歩をする

自分がこうならないために

- 目の治療やメガネの調整をする
- 視野を広げる訓練をする
- 散歩をする

認知症のよくある困った行動【その4】

睡眠不足になる／昼夜が逆転する

――夜中に排泄の世話や、徘徊を止めるなどで、家族が夜通し寝られなくなることも……

Dさんの義理の母は認知症になりました。最初は、ちょっと物事を忘れてしまう程度でした。しかし、次第に状況が悪くなり、食事をあまり摂らなくなりました。筋力は衰え、体が弱ってきたのです。やがて、夜にしっかりと眠れなくなって、昼間にウトウトすることが多くなりました。

Dさんが「お義母さん、お昼は寝ないほうがいいですよ」と言っても義母は寝てしまい、夜には起きて徘徊することもあって大変です。

また、着替えさせるのも一苦労することが増えました。

Dさん「じゃあ着替えましょうね」

義母「ううん……」

と嫌がって着替えもさせてくれなくなってきました。

Dさん「あなた！　お義母さんが本当に大変なことになっているの。誰か、介護のサポートを頼まないと」

夫「えっ？　お前、考えすぎなんじゃないか？　おふくろは、まだまだ普通に元気じゃないか」

そんなことを夫が言うのは、夫がいる時は義母が素直だからです。たまに夫が会社から早く家に帰ると、実の息子と過ごせるのが嬉しいのか、そんな時に限って義母はDさんの言うことを素直に聞いてくれます。着替えにも素直に応じてくれます。「ほら見ろ」という顔で夫はDさんのほうを向いて、Dさんはうなだれることになります。

そして最近では、義母は夜中に1時間ごとに起きてしまい徘徊することもあるため、Dさんは寝ている暇もありません。この辛い日々はいつまで続くのでしょうか……？

睡眠不足によって、家に帰りたがったり、夜中に徘徊したり……

認知症になると、睡眠不足を起こしやすくなります。認知症の人の25～35%は、睡眠に問題が起きているといわれています。[1]

「ただ寝る時間が少なくなるだけだったら、大して問題にならないんじゃない？　昼間にちょっと眠くなる程度だし、高齢者は、昼間にすることに問題が起きないから大丈夫」と思ったら、それは間違っています。睡眠不足は、あらゆる弊害を引き起こすからです。

まずは、**精神不安定になります。**不安感、孤独感、焦りなどが出てきやすくなります。どこかに出かけても家や家族が恋しくなって、**すぐに帰ろうとすることがあります。自宅にいても、実の息子など心を開いた人だけにしか、元気に振る舞えなくなることもあります。介護拒否をすることもあります。**

特に問題になることといえば、昼夜が逆転することでしょう。徘徊するにしてもオムツを替えるにしても、夜中のほうが大変だからです。面倒を見なくてはいけない**家族は、夜中も睡眠がなかなかとれなくなります。**まして、会社勤めをしていると、仕事もロクにできなくなってしまいます。寝られないというのは、精神的にも肉体的にも介護をする人をむしばみます。

また、認知症の人は、夜に奇声を発することもあります。不安や幻覚など原因はあり、奇声を出したくて出しているわけではありません。

だからといって家族が夜寝かせようとしても、なかなか寝てくれません。睡眠薬を飲んでも、すぐに起きてしまいます。なぜなら、薬が効いているのは2~4時間など短めのことが多いからです。

年を取ることによる筋力低下が、睡眠不足と認知症の原因となる

ただし、**認知症とは関係なく、年を取ることによる睡眠不足の原因はあり、それなら対処が可能です。**

まずは、**体温調整ができなくなってくること。体温調整が乱れると早期覚醒を起こしやすくなり、1～2時間早く目が覚めてしまう**のです。[2] 睡眠不足となりますから昼寝も多くなってしまい、昼夜が逆転しやすくなります。就寝時のエアコン使用は、眠りをよくしてくれます。[3]

年を重ねると**筋力が落ちてきますが、これも睡眠不足の原因となります。**筋力が低下すると運動はしなくなり、何か動いても刺激を受けにくくなるため、適度な疲労感が出なくなって夜に眠れなくなるのです。

高齢になると食が細ってくることもあり、これがさらに筋力低下を助長します。

では、食事を増やせばいいのかというと、そう簡単にはいきません。というのも高齢になる

と、食べ物、唾液《だえき》、胃液などと一緒に細菌を誤って気道に吸引することによる肺炎の誤嚥性肺炎《ごえんせいはいえん》にかかりやすくなるため、食事を積極的に行いにくくなるからです。

また、**ダイエット**をする高齢者もいますが、これも筋力低下につながることがあります。ダイエットができる高齢者はある程度健康な場合が多く、となるとこれ以上痩せる必要もあまりないのです。健康に意識が高い人ほど、そういった間違いをしがちです。将来のためにも**タンパク質をしっかり摂って、筋肉を維持しておくほうがよい**のです。

また、**食事を摂りやすくするためには、口腔ケアをしっかり行い、歯の周りのメンテナンスをしておくことも必要**です。

若い頃は、虫歯ばかりを気にしていたかもしれませんが、高齢になると歯肉炎・歯周病のほうが問題になってきます。歯茎が痩せ衰えてしまって、歯が使えなくなってしまうのです。そうならないためにも、ただ歯磨きをするのではなく、デンタルフロスなどを用いて歯と歯茎の間など小さな隙間に入ったゴミを除去する必要があります。

さらに**筋力の低下は、認知機能の低下にもつながります。**筋力はやはり、鍛えたほうがいいのです。

とはいっても、寝たきりだとどうするんだ？という疑問もあるでしょう。でも、できることはあります。完全に横になるのではなく、緩やかに傾いた座椅子などに座って少し頭を起こしてあげて、テレビが観られるようなポジションにするだけでもいいのです。**テレビだけでも観られるようになれば、歩くのと同程度で認知能力が衰えにくいことがわかっています。**４）

日中は必ず明るくしておこう。電灯をつけるのでもいい

それから**睡眠には、体内時計が大きく関係します。**

人間は本来、体内時計は１日が25時間周期で設定されています。実際には１日は24時間で流れていますが、人間は朝日を浴びることで24時間に訂正しているのです。しかし、日光を十分に浴びられないとメラトニンというホルモンや体温のリズムが崩れて、生活リズムが24時間に合わせられなくなってしまいます。

そこで、睡眠不足や昼夜逆転など生活リズムの乱れを改善するには、**日光をよく浴びるのが効果的**となるのです。認知症の高齢者の１日の平均睡眠時間を測定しますと、日光浴をした人は４８５・０分、日光浴をしない人は４３７・８分であるとわかっています。５）

つまり、日光浴によって1時間近く多く眠れるようになるのです。日光浴をするのであれば一般的には午前がオススメですが、午後でも早めの時間であれば問題ありません。

でも、寝たきりなどで外に出るのがなかなか大変な場合はどうすればいいのでしょうか？ もちろんカーテンを開けて日光を部屋に取り込むのがベストですが、天気が悪い日や、部屋の構造や布団の位置の都合で難しい場合もあるでしょう。

そういう時は、**人工の光でも構いません。ただし明るめの光でなくてはなりません。**3000ルクスの光と8000ルクスの光で比べると、8000ルクスのほうが睡眠がよくなったのですが、3000ルクスではさほど変わらなかったのです。[6]

なぜでしょうか？ これは、高齢になると瞳孔が小さくなり、目が取り込む光の量が少なくなるからです。また、白内障が発症すると、さらに光が入る量が少なくなります。結果として、強い光でないと十分な効果が得られなくなるのです。

治療によって目から入る光の量を増やすこともできるのですが、こうすることで睡眠のリズムがついたという人もいます。「よく眠れるようになった」とおっしゃるのです。

ところで、たまに「ウチのおばあちゃんが、夜ちゃんと寝てくれないから困る」と言いつつも、おむつの交換の時を考えて夜も明るい所で寝かせようとしている人がいます。でも夜は、ちゃんと暗くするようにしましょう。

「生活リズムの乱れ」の正体

↓睡眠不足は多くの症状を引き起こす。精神不安定、昼夜逆転など

↓精神不安定になり、家に帰りたがったり、ごく一部の人にしか心を開かなくなったりする。介護拒否をすることも

↓昼夜逆転によって、家族は夜中も起きて面倒を見ないといけない

↓睡眠不足になる原因は、認知症と老化の両方が考えられる

↓高齢になる→食が細る→筋力低下→適度な疲労感がたまらない→睡眠不足
↓睡眠不足の原因の筋力低下は、認知機能の低下にもつながる
↓睡眠には体内時計が大きく関係する
↓日光をよく浴びれば、認知症でも睡眠が約1時間長くなった

●周りの人がしがちな間違い
・寝たきり老人には、食事や排泄の世話をするだけで、他は何もしない

●周りの人がすべき正しい行動
・寝たきりでも、テレビは観てもらうようにする
・日中は日光を浴びてもらう。厳しければ、せめて部屋を明るくする

●自分がこうならないために

- 年を取ってからのダイエットは、筋力低下の原因になりやすいので、要検討
- 口腔ケアを怠らない
- タンパク質をしっかり摂る
- 目の治療をして、目に入る光の量を増やす

「もの盗《と》られ妄想」など、被害妄想をする

――介護に献身的な家族のほうが、疑いの標的になりやすい

主婦のEさんは、最近認知症になってきた義理の母の世話をすることになりました。Eさんの夫は、最初は「手伝う」と言っておきながら、結局は何もしてくれません。

とはいっても認知症はまだそこまでひどくないので、義母は自分で御飯を食べてくれますし、会話も成立するので、今のところは大丈夫そうです。

「まあ、このくらいならいいけれども、将来が心配だな」。Eさんがそう思っていた時のことでした。

義母「あなた、私のお財布盗《と》ったでしょう」

Eさん「盗っていませんよ！」

義母「そんなことないわ。私は棚に置いといたのに」

そう言われてしまったので探しましたが、財布がどこにいったのかは不明。せっかくこんなに世話をしているのに、ドロボウ扱いです。

翌日たまたま、兄の嫁が義母の所に来きました。「お財布がないのよ」と言っています。「あの子が盗って」と、義母はEさんを指さしたのです。

目が悪くなくても脳が悪ければ、見えないものが見えてしまう

もの盗られ妄想というのは認知症で起きる症状です。例えば「財布があったはずなのに盗られた、お前が盗ったんだろう」と疑われてしまうことです。家族であると「こんなに一生懸命世話してあげているのに、お金を盗んだなんて……、信用されていないんだなあ」と悲しくなります。苛立って、怒ることもあります。

高齢者を介護施設や病院に預けている時にそのように疑われてしまうと、施設や病院中で盗んだ噂が広まることもあり、他の家族にまで「この人が財布を盗ったのかな」と思われてしまうこともあって困ります。

ただでさえ介護者はすごくストレスがかかっていて、心疾患や高血圧になりやすいといわれており、34〜44％が鬱傾向になってしまう[1)]ほどなのに、自分が疑われてしまうのです。こ

れは辛いです。

もの盗られ妄想以外にも、「嫉妬妄想」というのもあります。例えば、夫や妻が浮気しているのではないか？という妄想にかられるのです。

認知症により、「幻視《げんし》」という現象が起きることもあります。根拠もなくあれこれと想像することを意味する「妄想」とは似て非なる現象です。「幻視」とは、例えば「食卓に亡くなった父さんがいるように見える」といったように、**現実に存在しないものが見えてしまう症状**です。眼科医である私のところにも、「家の前に、知らない人が立っている」とおっしゃる患者さんが来ることがあります。実際に本人には、誰かがいるかのように見えているのです。

さらに困ったことに、「トイレにライオンがいる」というふうに見えてしまったりすると、トイレに行きたがらなくなりますから、尿漏れをきたすということもあります。

「見える」というのは目で行われているので目だけの問題と思われがちですが、そうではありません。目で判断したものは、目の視神経という神経から脳に伝わります。脳で最終的に、見えるか見えないかを判断するのです。ですから、**目が悪くなくても脳が悪いことによって、見**

えないものが見えるというのは冗談でもなく本当に起きることなのです。

この場合は「そんなものはいないよ」とすぐに否定すると、高齢者はストレスを感じてしまいます。かといって本当にいるかのように振る舞うのもいけません。「そうなんですか」と言って、話を次に持っていくほうがいいです。**高齢者が落ち着いてくれれば、幻視は消えやすい**からです。

感謝の言葉をかけてあげるだけでも、妄想は減らせる

もの盗られ妄想をはじめとした妄想は、認知症によって強く感じます。また、この症状は周辺症状といって、認知症の中でも**状況や心理状態などによって引き起こされやすい**ものです。

心理状態としてよくあるのが、ずっと大事に使っていたものやお金がなくなる、配偶者の浮気といった「大切なものを失う」ことによる恐怖です。

しかも昔より今のほうが、不安を感じる高齢者が増えています。将来の生活に不安を感じている高齢者は、平成11年には63・６％程度だったのが、平成21年には71・９％と増加したと報告する調査[2]もあります。

不安が背景にあるのには、一つは**高齢者が自分自身を「社会から必要とされていない」と思う気持ちがあることも大いに関係しています。**これまでは仕事でバリバリ働いていた、子育てに追われていた、毎日運転していたという生活をしていたのに、年を取ることで急にやらなくなってしまうと「私なんていなくても……」と思ってしまうのです。その喪失感から、人が信じられなくなるということも起きてしまいます。

そこで、例えば**毎日挨拶をして良好な雰囲気を作ったり、ちょっとしたことをしてくれただけでも「ありがとう」と声をかけてあげたりすることで、症状の発生を抑制することができます。**高齢者に、失敗してもダメージが少ない植物に水をあげるなどの行為をお願いすれば[3]、継続しやすく、感謝の言葉をかける機会も増えるためオススメです。植物の世話以外にもその高齢者が得意なものでいいです。編み物かもしれませんし、大工仕事かもしれません。

ただし、もの盗られ妄想が本当にひどい場合は、投薬なども必要になるので主治医と相談しないといけません。

長期記憶と短期記憶の不一致が、被害妄想を生み出す

認知症によって妄想が起こる確率は、アルツハイマー型認知症で42％程度だといわれていま

す。[4]レビー小体型認知症の場合は、60％とやや高い確率で起こります。

認知症で妄想が起こる原因は、次のようにいわれています。一つは、認知症による脳のダメージ。もう一つ代表的なのが、認知症により環境が大きく変わってしまい、その環境変化への対応として妄想が出てしまうとされること。特に、**興奮しがちな人や攻撃性の高い人、幻覚が見える人は妄想を抱きやすくなります。**

なお、高齢者は認知症であるかどうかにかかわらず、すべての記憶が悪くなるわけではありません。数秒前などの超短期の記憶や、数年前などの過去の記憶は消えにくいです。しかし、数時間前なり数日前といった比較的最近の記憶が忘れやすいのです。普段の生活でも「カギをどこに置いたっけ？」と忘れてしまうのに似ています。けれども、５年前に行った旅行のことは覚えているわけです。

認知症では、この傾向が極端に出て、これが妄想の原因を作ってしまうのです。例えば財布が盗まれたと思うには、次の二つのことが関係します。「元々、財布を持っているという長期の記憶が残っている」「最近財布を置いた場所という短期の記憶を忘れる」という二つを満たすことで、もの盗られ妄想が発生するのです。

「嫉妬妄想」だと、どうでしょう。「自分には妻がいる」という長期の記憶がある一方で、「昨日妻は自分と一緒にいた」という短期の記憶が抜けて、「妻は昨日、俺に黙ってどこに行ってたんだ?」となって嫉妬にかられます。

しかも皮肉なことに、これらの妄想は高齢者にとって身近な存在になっているほうが、疑われやすくなります。**配偶者など家族こそが、疑いの標的になりやすい**のです。

それは一つには、高齢者に対し感情的になってしまうことが多いのは、家族であるからです。例えば高齢者が排尿に失敗した場合に、「またか」などつい口に出してしまうことは、家族からのほうが頻繁に起きます。[5] あるいは、「早くこっちに来て!」と言葉としては悪くなくても、強い語気で高齢者に言ってしまうのは、たいていは家族です。

一方で介護をするのは、ほとんどが家族です。でも介護というのは、感情を伴わず淡々とこなすことが多いものです。

以上の結果として、感情を伴う非難をされたことのほうが、感情を伴いにくい介護をされたことよりも、高齢者の記憶に残りやすくなってしまいます。なぜならば、人は感情を伴う行為のほうが覚えやすいからです。**「介護された」記憶が残らず「文句を言われた」記憶ばかりが残るので、高齢者はつい否定的になってしまいます。これが、身近な人にさらなる疑いを持つきっかけを作ってしまいます。**

「自分は盗ってない！」と真っ向から否定するのは間違い

やりがちな間違いとしては「財布は盗っていない。なんでそんなひどいこと言うんだ！」と、真っ向から否定すること。相手は真っ向から否定されると、こちらに対して「何かを隠している人」「否定する人」と思ってしまうからです。しかも、反論すればするほど認知症の人との距離がさらに離れてしまいますから、もっと責められるようになってしまいます。

「そうですか、ないんですか」と言って、一緒に探しましょう。そして周囲の人ではなく、本人が見つけるようにしてあげるといいです。もし見つかっても、周囲の人が見つけ出すと、「あなたが盗んで隠してた」とも思われてしまうからです。

私の周りでも、眼科にかかった患者さんが入院中に「財布がなくなった」と問題になったことは何度かあります。実際にはすべて見つかったので、今のところは事なきを得ていますが。元々認知症がひどくなかった人ばかりです。入院によるストレスもあったのでしょうし、何より「いつもと違う場所に財布を置いている」ということがあったのです。

置き場所の記憶というのは、ついつい忘れます。私自身も「あれ、カギをどこに置いたのかな?」といって家中を探すこともあります。置き場所を同じにする習慣をつけることで、こういった問題はだいぶ解消されます。

できることなら、認知症が進む前から**財布など重要なものは毎回同じ場所に置くようにしておくほうがいいです。すると置いた場所は長期記憶に残っているので、発見しやすくなる**からです。

さらに、**アイコンタクト[6]も一緒に使うことをオススメします。**例えば財布がもの盗られ妄想の対象になりやすいのであれば、財布を決まった場所である引き出しなどに入れるとしましょう。黙って引き出しに入れるのは最も効果を出しませんが、ただ「引き出しに入れておくね」と言って入れても、高齢者には記憶に残りにくくなります。高齢者の目を見て一緒に引き出しに入れるという作業をするのがよく、実際にアイコンタクトを使うことで記憶が残りやすいということがわかっています。

少し手間になりますが、いくつも財布をプレゼントしておくという方法もあります。すると財布がなくなっても、どこかには別の財布があるので、財布は何かしら見つかりやすくなります。見つかりやすければ、もの盗られ妄想によって疑われることも減ります。ただし財布が複数になってしまうわけですから、各々の財布にはあまりお金を入れておかないようにしないといけませんが。

何よりも**周囲は、被害妄想という現象があることを事前に知っておくことが大切**です。そうすれば、もの盗られ妄想などが起きても、「あ、これは被害妄想による現象なんだな」と**冷静に判断できます。**多少なりともそのことを知って介入すると、介護の負担は減るということもわかっています。7)

逆に妄想による現象を知らないと、「私がずっと介護しているのに、疑われた」とすごく悲しくなります。さらに、介護施設や病院などにいる高齢者がもの盗られ妄想を起こしてしまうと、施設や病院に対して「あそこでは、老人の持ち物を勝手にいじっているのではないのか？」と疑いの目で見てしまうことだって起こり得ます。

図3　アルツハイマー型認知症の経過の概要

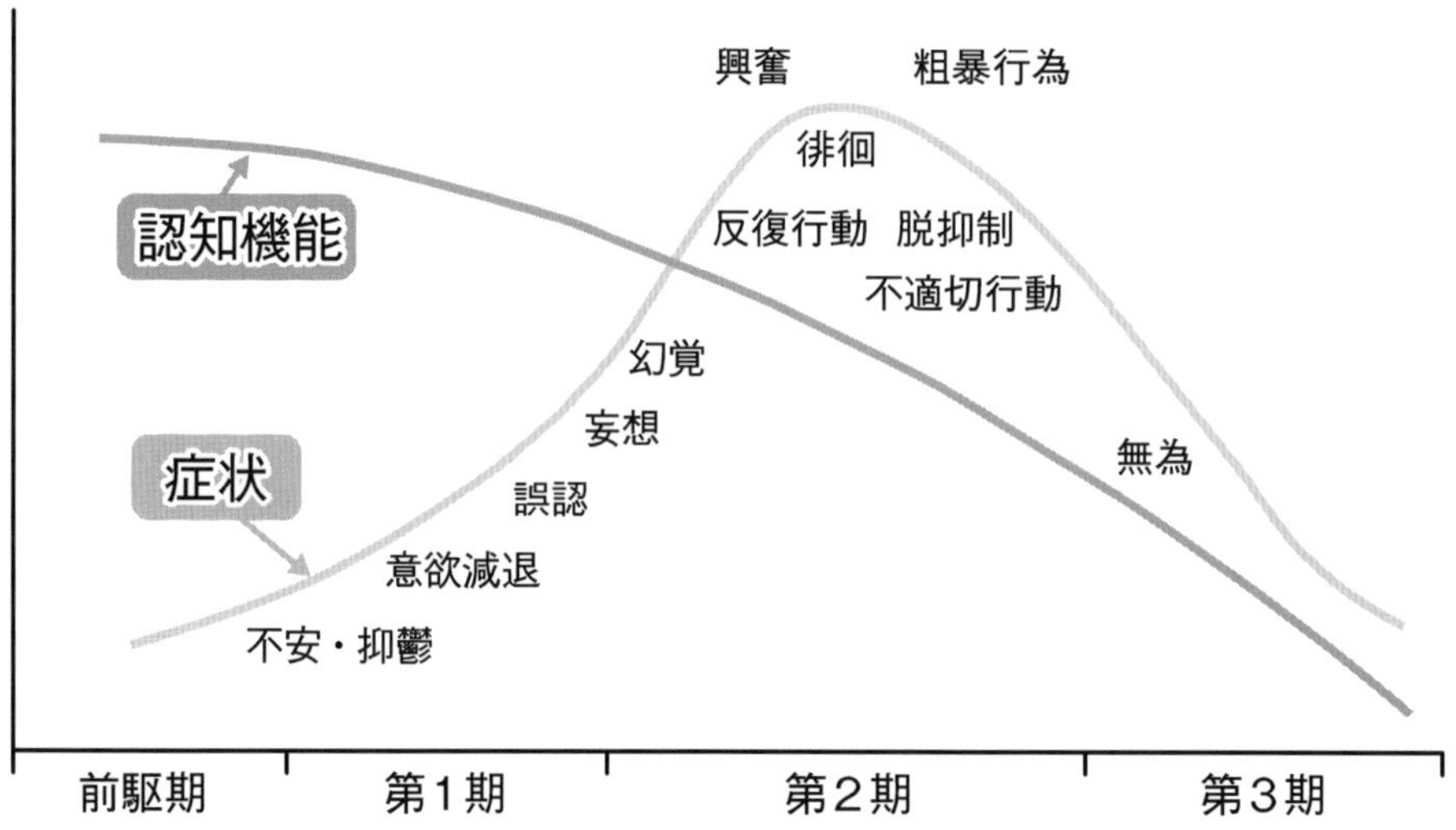

参考資料：西川隆：神経内科 .72(Suppl.6):277-283,2010.

妄想が出始める頃から、以上のような症状は強くなってきます。やがて妄想はひどくなり、徘徊も始まってきます[8]。どんどんひどくなり「これはいつまで続くのだろう」「ずっとこのままなのか」「もっとひどくなるのか」と、周囲は心配になります。

ただ平均的には、徘徊になるぐらいまでが最も辛く、その後症状は安定することが多いです。

もちろん、介護のサポートはより必要となりますが、状況は刻一刻と変わっていくので**「このまま一生」ではないことを知っておいてもらいたい**です。それを知らないと、周りの人たちは追い詰められてしまいます。

「被害妄想」の正体

↓認知症による被害妄想には、「もの盗られ妄想」「嫉妬妄想」がある

↓嫉妬妄想によって、浮気を疑ってしまうことも

↓認知症による症状として、見えないものが見えてしまう「幻視」もある

↓目が悪くなくても脳が悪ければ、幻視は起きてしまう

↓被害妄想は、不安など心理状態によって起きやすくなる

↓興奮しやすい人や攻撃性の高い人のほうが、被害妄想を起こしやすい

↓被害妄想の主な原因は、長期記憶と短期記憶の不一致

↓接する機会が多い家族のほうが、「もの盗られ妄想」の疑いの標的になりやすい

↓献身的な介護は覚えてもらえず、少しでもトゲのある言い方をしたことのほうが執念深く記憶に残されてしまいやすい

● 周りの人がしがちな間違い
- 「私は盗ってない」「私は浮気なんてしてない」など、真っ向から否定する
- 「介護を一生懸命しているのに、私、何かまずいことをしたの?」と自分を責める

● 周りの人がすべき正しい行動
- 被害妄想も幻視もすぐに否定せず、「そうなんですか」といったん受け入れる
- 高齢者を落ち着かせることに専念する

- こまめに挨拶する
- ちょっとしたことでも感謝をする
- 植物に水をあげるなど、失敗してもダメージの少ないお願いをする。その高齢者が得意なことをお願いするのもよい
- 財布など大事なものは、置き場所を決めておく
- 大事なものをしまう際には、アイコンタクトも使う
- 被害妄想や幻視という現象が存在することを事前に知っておく

自分がこうならないために

- 興奮や怒りなど、感情が高ぶりやすくならないようにしておく
- 感謝を受けやすい行動をとるようにする
- 挨拶を欠かさない
- 大事なものの置き場所を決めておく

Column

認知症と五感・運動機能との関係性は？

認知症は脳によって起こります。とはいっても、**脳のことだけ気にしておけばいいのかというと、それは間違っています。**

例えば、認知症があり目が見えない人は、自分で歩くことが困難です。けれども、目をよくすることで自力で歩けるようになる、ということがあります。認知症があっても他の体の衰えを補ってあげれば、生活のレベルが上がることはあるのです。

よって、**認知症であっても脳だけでなく、目、鼻、手、足など他の部分の状態をチェックしてください。**病院で診断を受けるのが、一番確実です。

一方で、**認知症だと思ったら、目や耳が悪いだけで脳は問題がなかったということもあります。**そういった意味でも、目や耳などの様子を確認するのはとても大切なことなのです。

また、**視覚や聴覚の低下が、認知症の発症を招きやすくする**ことも知っておきましょう。25万7752人を対象にした研究では、特に視覚・聴覚障害がなければ認知症の発症率は0・41％であったのに、聴覚障害があると0・61％と約1・5倍に、視覚障害があると0・83％と約2倍までリスクが増えてしまうことがわかりました。さらには視覚障害と聴覚障害の両方があると、1・27％と3倍近くも認知症にかかりやすくなります。[1)]

こういったことからも、目や耳の診断を早めに受けて、視覚や聴覚の回復に努めたほうがいいのです。

この項では、視覚、聴覚、触覚、嗅覚、味覚といった五感と、運動機能と、認知症との関係性を解説します。お互いがどのように影響し合うのかはもちろんのこと、一見すると認知症が原因かと思ったら実はそうではなかったということにも触れます。

まずは視覚から見ていきましょう。

視覚

認知症と最も大きなかかわりがあるのが視覚です。見えなければ目から情報が入ってこないのですが、目から入ってくる情報は膨大であるため、その膨大な情報がシャットアウトされることから認知機能がかなり衰えてしまい、これが認知症を引き起こす原因になるからです。

とはいっても、目が見えないことが認知症によるものか、目の障害によるものかわかりにくいことがあります。なぜならば、目から情報は入るのですが、その情報を使ってどのように見えているのかを最終決定するのは脳が行うからです。

ですから認知症になったら、一度は眼科で目に問題がないかをチェックしておいたほうがいいです。

他にも、症状の原因が認知症なのか、目なのかがわかりにくいことがよくあります。認知症になると、**判断、認知ができなくなる「失認《しつにん》」**という状態を引き起こします。とはいえ、目が悪いだけでも判断や認知は困難になるため、認知症だけが原因だとはいい切れないのです。例えば、どちらの道に進めばいいのか判断できなくなることは認知症でも起きますが、目が悪いだけでも起きてしまいます。

「見当識障害《けんとうしきしょうがい》」も認知症によって起きることがあります。**見当識障害とは、現在の自分がいる場所、日時、周囲の人との関係などが正しく認識できない状態**です。でも、目が見えなければ場所や人物の判断ができないのは当たり前ですから、目が悪いことだけが原因のことはあります。

記憶だってそうです。認知症により記憶が困難になることはありますが、目が見えない状態で覚えるのだってとても難しくなります。例えば、「私は山田太郎です」と自己紹介されたとしますと、目が悪いとその声だけで覚えなくてはいけず、なかなか覚えられません。でも、目が問題なく顔がちゃんと見えていれば、「ああ、このアフロヘアの人が山田太郎さんだな」と覚えやすくなりますよね。

鬱も認知症で起きます。とはいえ、目が見えなくても、見たいものが見えなくなってストレスがたまりますから、鬱にもなりやすいです。

認知症により、**「せん妄《もう》」**が発症することもあります。**せん妄とは、外界からの刺激に対する反応が鈍り、錯覚、妄想、麻痺《まひ》などを起こす意識障害**です。けれども、目が見えず今自分がどこにいて何が起きているかわからなければ、混乱状態に簡単になってしまいます。

「認知症といえば」というくらい定番になってしまった**「徘徊」**はどうでしょう？　目が悪いことと徘徊は一見関係なさそうですが、見えないことから自分がどこにいるかわからなければ、そのまま徘徊してどこかに行ってしまうことだって起こり得ます。

睡眠障害も認知症で発症することがありますが、目が悪いことでも生じてしまいます。目に入ってくる光によって、人間は1日を判断しているからです。光が見えなければ、朝なのか夜なのかわからず睡眠が崩れるのは当たり前です。

また、見えないので食事も自分でなかなか摂れないことも、睡眠障害の原因になります。誰かの手を借りることになるため、いつも規則正しく食事ができるとは限りません。食事自体が楽しくなくなることから、食事の量が減ったり楽しさがなくなったりして、食事の記憶も薄れます。つまり目が見えないことによって食事が困難になることが、生活のリズムを乱れさせてしまい、結果として睡眠障害につながってしまうのです。

以上で見てきたように、目はとても大切な器官なのです。それなのに実際は、認知症の人の多くが眼科にあまりかかりませんし、本人も家族も「起きている問題の多くの原因が、目に集中しているかも」と疑いもしません。

イギリスの研究では、認知症の人の33・5％は視力が0・5以下であることがわかっています。つまり3割は、目が悪かったのです。[2]

でも、目が悪いといっても、原因は病気だけではありません。メガネが合っていないだけで、メガネさえ調整すれば不自由なく見える人も多いです。**本が読めない認知症の人にちゃんとメガネを合わせてあげると、3分の2の人が本や新聞を読めるようになった**というデータもあります。

このように、認知症だとメガネが合っていないことが多いのですが、そのことに本人も周囲もなかなか気づかないものです。その原因の一つに、メガネが合っていないことを、他人にうまく伝えられないということがあります。ちなみに、認知症になると暴力や転倒によってメガネを壊しやすくなります。
いずれにしましても、メガネが合っているのかを一度確認しておきたいところです。眼科や眼鏡店に行けば詳しく確認できます。

また、年を重ねると白内障にかかりやすくなります。80歳以上ですと99％は白内障です。**白内障がある人が手術により目が見えるようになると、60％の人が認知機能の改善があったことがわかっています。**[3]

特に初期の認知症の頃のほうが、認知機能は改善しやすく、あまり進んでからだとなかなか難しいです。手術をするにしても、早いほうが負担は少ないのです。初期の認知症で手術中にじっとしていられる場合は、局所麻酔で30分程度で治すことができます。けれども認知症がだいぶ進んでからですと、局所麻酔だと手術の途中で動いてしまい、全身麻酔でないと手術ができない場合が出てきて、体に負担がかかります。

眼科医の私の経験からも、認知症が初期でも重症になっていても、目を治すことで生活がラクになることが多いように思います。つまり、認知症の重さに関係なく、目の治療を一度は考えるのは大切なのです。自分でトイレに行ったり食事をしたりというのは認知症だからもう無理だと思っていたのに、目の手術をしてから自分でできるようになったという人は実際に多いのです。

ある80代の男性は認知症が進行していて、会話も成立しにくい状態であったため、視力もなかなか正確に計測できませんでした。認知症の人の視力検査は80％以上で可能ですが、その人は難しかったのです。ですが、その人はじっとしていられたので、局所麻酔で手術ができました。後に、その男性が入所していた介護施設の職員が言うには、「それまで介助でしか食事が食べられなかったのが、自分で食事ができるようになった。テレビをつけていても全く観ていなかったのだが、今はテレビを楽しんでいる」というのです。

聴覚

聴覚も、認知症に大きく関連します。**聴覚障害があると、認知機能が6・8歳上がったのと同じ**ともいわれているほどです。[4]

耳が悪くて会話が難しいのは、認知症ではなくて難聴が原因です。けれども「年を取れば多少は聞きにくいものだから」と、放っておかれることが多いです。すると、会話自体が減ってしまうために、コミュニケーションが不足します。以上のようなことがどんどん起きてくると、認知機能が衰えて認知症になってしまうことがあります。

認知症が軽度であっても、「自分の意見を相手に伝えられない」「相手が言っていることがわからない」ためにイライラしてしまったり、ふさぎ込んでしまったりすることがあります。これが、認知症の進行につながります。相手の言っていることだけでなく自分の声も聞こえにくいので、**大声になってしまい怒っているように勘違いされてしまいます。**会話が難しくなって自分の意思を伝えられなければ、尿や便が出そうなことを相手に伝えられません。すると**尿漏れ・便失禁**をしてしまいます。トイレを自分で探そうともして、**徘徊**してしまいます。このように、認知症ならではの症状が次々と起きてくるのです。

なお、**「失語《しつご》」**といって会話が難しくなるのが認知症の症状としてありますが、これは「耳がよい」という前提があります。

聞こえなければ、記憶するのが難しくなります。目が見えさえすればある程度理解することができますが、目で見て声を聞いたほうがちゃんと覚えやすいわけです。理解や判断も、聞こえなければしにくくなります。以上から、**耳が悪いことで記憶、理解、判断は低**

下するのですが、こうしたことが続くことで認知症に近づくのです。

ですから、認知症になる前、ないし初期のうちに、しっかりと聞こえているか耳鼻科でチェックしておくことも大切です。

聞こえにくくなった場合は補聴器という選択もありますが、「補聴器は格好よくない」と思われていて敬遠されがちです。確かに昔の補聴器は大きくて目立っていました。でも、**今の補聴器は「つけているかパッと見てわからない」というほど小型化しています。**

眼科医の私は、目の手術をする時は患者さんに寝っ転がってもらって目を洗ってきれいにします。すると耳に水が入り込んでしまうので、補聴器を外してもらいます。ところが今の補聴器は小さいので気づきにくいため、しっかりと見ておかないと見逃してしまいそうなのです。それくらい今の補聴器は目立ちません。

そして、聞こえにくいからといって、介護スタッフや家族は諦めないということも必要です。特に若い女性の場合は、高齢者に声は届きにくくなります。なぜならば、年を重ねることで聴覚というのは、低い音に比べて高い音が聞きにくくなるからです。つまり、**男性の声よりも女性の声のほうが聞こえにくくなる**のです。

ですから、**落ち着いたトーンにすることで声を低めにしてゆっくり話すというように、話し方を工夫するとコミュニケーションがとれやすくなります。**それでも難しい場合は、**筆談も有効**です。筆談というと面倒に感じてしまい、家族ではあまりしたがらないかもしれません。でも、毎回はしなくてもいいとは思いますが、待ち合わせの約束など間違えるとトラブルになってしまうことだけでも筆談をする習慣をつけたほうがいいでしょう。

触覚

触覚とは、ものに触れた時に生じる感覚ですが、この触角と認知症との関連ははっきりしていません。

ただ多くの人は、触覚による問題行動を、認知症に原因があると決めつける傾向があります。例えば、持っていたコップを落として割ってしまうと、「これは認知症が進んだからだな」と考えがちです。でもそうではなく、コップと指が触れているという触覚の低下や、コップを持っておく指の筋力の低下により落としてしまう可能性もあることを知っておくべきです。

では、ものを落としてしまう場合はどうすればいいのかというと、**持ちやすいものを選**

んだり、持っているという感覚が得られやすいものを使ったりするべきです。マグカップを例にしますと、よく売られている陶器製は持ち手がつるつるしています。そのため、持っているという感覚が得られにくく、滑りやすいので握力が必要となります。そこで、持ち手に滑り止めをつけてあげることで、「持っている」という感覚が得られやすくなり、かつ滑り落としにくくなります。さらに落とした時のことを考えて、**プラスチック製など割れにくいものにするのもいい**でしょう。

また、触覚と関連して**温度感覚が年齢上昇により弱くなる**ことがわかっています。ですから、寒暖に気づかずに体調を崩してしまうことがあります。ですから、**部屋の温度や服装に気を配ることが必須**です。今や死因の第3位となった肺炎は、寒い季節に発症しがちですので注意してください。

嗅覚

嗅覚も認知症と関連することがわかっています。それも認知症の早期から、嗅覚は落ちるともいわれています。[5] 視覚や聴覚の低下よりも嗅覚の衰えは目立ちにくいのですが、火事に気づきにくいことにもつながるので、嗅覚についても深刻に考えないといけません。「認知症の予防にアロマがよい」というのを聞いたことがある人もいるかもしれませんが、これにならって**嗅覚からアプローチして認知症を予防していくのも一つです。アロマを焚《た》いて香りを楽しむ、普段の食事でできたての料理のニオイを嗅ぐといった手軽なことでも十分**です。

味覚

味覚は嗅覚と関連しますが、それゆえに味覚は認知症により落ちるということはわかっています。[6] ただ、原因などはよくわかっていません。

逆に味覚の低下が、認知症による症状の引き金になることもあります。味覚が落ちると、食べる楽しさがなくなることから食事を十分に摂りたくなくなり、便秘が起きやすくなります。この**便秘**こそ、認知症による様々な症状の原因になります。トイレを探したり便秘でイライラしたりして**「徘徊」**、急にもよおしてしまうことによる**「便失禁」**となってしまうのです。

また、塩分が強くないと味が感じにくくなることから、**偏食**をしたり**栄養バランスが乱れたりする**ことがあり、こういったことはもちろん脳にも悪影響を及ぼします。

さらに、認知症の本人ではなく周囲の人の話になりますが、「一生懸命料理を作ったのに食べてくれない……」となると、介護者のストレスも大きいものです。

運動機能

運動機能の低下は、認知症の進行に大きく影響します。

ただし、**「失行《しっこう》」**といって行動を起こせないのは、認知症が原因とされているのですが、運動機能の障害によって失行と同様に思えるような行動が起きてしまうこともあるのです。よって、原因が認知症なのか、運動機能の障害のみなのか、はたまた両方なのか、判断がつきにくいことがあります。

例えば、トイレでオシッコをしようとしてもできなかった。けれどもそれは、ズボンや下着をうまく脱げなかったからという運動機能の障害が原因の場合もあるのです。

睡眠障害も認知症で起きる症状ですが、運動機能の低下で運動が少なくなれば疲れがあまり発生しないため眠れないことだってあるのです。

便秘や便失禁も認知症によって起きがちですが、運動機能の低下による運動不足によって腸が活発に動かず、便秘や便失禁につながることだってあるのです。

第2章

本人にとっていいことが全然ない問題行動

認知症のよくある困った行動【その6】

家の中をゴミだらけにする

——目や耳の衰えだけで、認知症と関係なくゴミだらけにする

Ｆさんの母は、昔からものを大切にする人でした。それはいいことなのですが、年齢を重ねるにつれて「これ、いらないいんじゃない？」というものまでため込むようになりました。使い終わった醤油のビン、空き缶、賞味期限が切れた餅《もち》、しまいには保存期間がかなり長い缶詰ですら賞味期限が切れています。

Ｆさん「お母さん、もうちょっと捨てたほうがよくない？　お餅、賞味期限切れてるよ」

母「大丈夫よ。カビ生えてないし」

Ｆさん「まあ、そうだけどさ。お腹壊したら大変でしょ？　それに、あんなにビン置いといても使わないいんじゃない？」

母「何かに使うかもしれないでしょ」

そう言って、ものが増えていきます。次第に生ごみまで出さないようになり、部屋が徐々に荒れてきています。けれども、Ｆさんが何を言っても母は聞いてくれない。

そして半年後、母の家に行ってみると、

Ｆさん「お母さん、何だか酸っぱいニオイするけれど、これ何？」

母「えっ？　ニオイなんてしないわよ。いやね」

Ｆさん「あ、この牛乳腐ってるよ。なんか変な水も出てきてるし……」

ゴミをゴミだと思わなくなる

認知症になるとものを捨てられずに、どんどんため込んでしまうことがあります。明らかに「ゴミ」と思われるものも持っているのです。

だからといって、**捨てることを勧めたり勝手に捨てたりしてしまうと、事態は悪くなる一方。認知症の人はもっと意固地になってしまい、さらに余計なものをため込むようになることもあるから**です。

こういった問題が家の中だけで完結すればまだしも、近所迷惑になることもあるので要注意です。よくテレビで「ゴミ屋敷《やしき》」として取り上げられているような、家からゴミがあふれ出ているような物件になってしまうこともあります。ものをため込んでしまうと、**異臭が発生することもあれば、最悪の場合は火事の原因になってしまう**こともあるのです。

認知機能から考えると、ゴミを捨てられない原因としては、**ゴミをゴミとして認識できない**ということがあります。例えば、ボロボロになった布団があって、布団として使用していない。しかし、認知症の人に話を聞くと「ゴミだ」と思って持っているわけではなく、「大切なものだ」「今の生活に必要だ」と心から思っているのです。

「じゃあ、何に使うの？」と尋ねると「布団は何かをするのにちょうどいい」など、**用途は不明瞭になっています。最初は家中にいろいろなものを置きますが、病状が進むにつれて身近な手元に保管するようになってきます。**

実際に、周りの高齢者を見ても「それはさすがにいらないよね？」というようなものを持っている人も多いです。眼科医である私の所にいらっしゃる高齢者で、使い終わった点眼瓶を保存している人がいましたが、特に何かに使っているわけでもなさそうでした。

ゴミや糞尿《ふんにょう》などが、はたから見ると「ゴミ屋敷」と言われるぐらいに増えてしまうことだってあります。

「ディオゲネス症候群」 1) **といって不潔な住環境・病的な収集癖・自己への無関心というのが、高齢者には起こりやすいこともわかっています。**

「ほしいからちょうだい！」と言うと、手放してくれることが

はたまた、**寂しさがあり収集癖が出る人もいます。**「いつか使うかもしれない」と言って何十年もお客様用の布団を押し入れにしまっていたり、「何かに使えるかも」と言ってクッキーを食べた後の空き缶が多量に残っていたり、「ゴミを出す時や、収納でいくらでも使うだろう」とゴミ袋が増えすぎて袋自体がゴミになってしまったり、「自分へのご褒美《ほうび》として、近いうちに美味しく食べるだろう」と賞味期限がはるかに過ぎている菓子があったりします。でもこの場合は「ゴミ」と認知されていないので、捨てる対象にもなりません。

またゴミとは別ですが、寂しさが原因のこととしては、**犬や猫をたくさん飼うこともありま す。**しかし、何匹飼っているのかを把握していないために犬や猫が逃げてしまったり、糞尿の処理を忘れてしまったりすることもあるため、周囲に迷惑が及んでしまうことも多いのです。

「ゴミかゴミではないか」という話になると、高齢者と意見が合わないことが多いです。捨てることと自体がもったいないと感じている場合は、その**ゴミを周囲が「もらう」というのも一つ**です。手元から離れてしまっても、「ほしい」と言ってくれる人にあげるのであればやぶさかではないと思うため、すんなりと渡してくれることも多いのです。

また、**「捨てる必要がある」ことを理解してくれれば、実際に捨ててくれることもわかっています。**[2)] 最初は「そんなの聞いてもらえないよ」と思うかもしれません。確かに難しいのですが、ご本人も理解すれば応じてくれることがあるのです。

買いすぎは、買った記憶がなくなることだけが原因ではない

捨てるに捨てられないだけではなく、**何度も同じものを買ってしまうことがあります。**何個買ったのかを忘れてしまって、1個ぐらい余分に買う程度では問題ありません。でも認知症ともなると、納豆を何度も何度も計10パックも買ってしまったりします。

一番の原因は、記憶の問題です。納豆を買ったということ自体を忘れてしまうのです。ですから、「納豆を買わなければ」と思って何度も買ってしまいます。とはいっても納豆をそんなにたくさん食べられないので、食べきれずに賞味期限切れになってゴミだらけになって

しまうのです。

買い物というのは、認知症の早い段階で問題が起きやすいことがわかっています。[3]なぜかというと、買い物というのは「買い物する場所に行って」「何を買うか覚えていて」「商品をカゴに入れて」「会計をして」と、いくつもの工程をクリアしないといけないのですが、どの工程も認知機能が問われる作業ですから、認知症のチェックテストが複数あるという行為になるからです。しかも買い物は、誰でもするような全く特殊ではない一般的な行動ですし、認知機能が正常であれば簡単に行えますから、テストの題材としてピッタリなのです。

ですから**周囲の人たちは、ショッピングリストに基づいて買い物をしてもらうといい**[4]でしょう。高額で全然使う予定のないものを買ってしまうのが怖ければ、一緒について行きたいところです。ただし、男性など元々あまり買い物をする習慣がない人の場合は、参考にしにくいこともありますが。

つい買いすぎてしまうのは、記憶の問題だけではありません。高齢者は移動が困難である、という理由も関係します。[5]若い人は、「そういえば納豆、買ったっけ？」と迷ったら、「買

図4　スーパー店舗数の推移

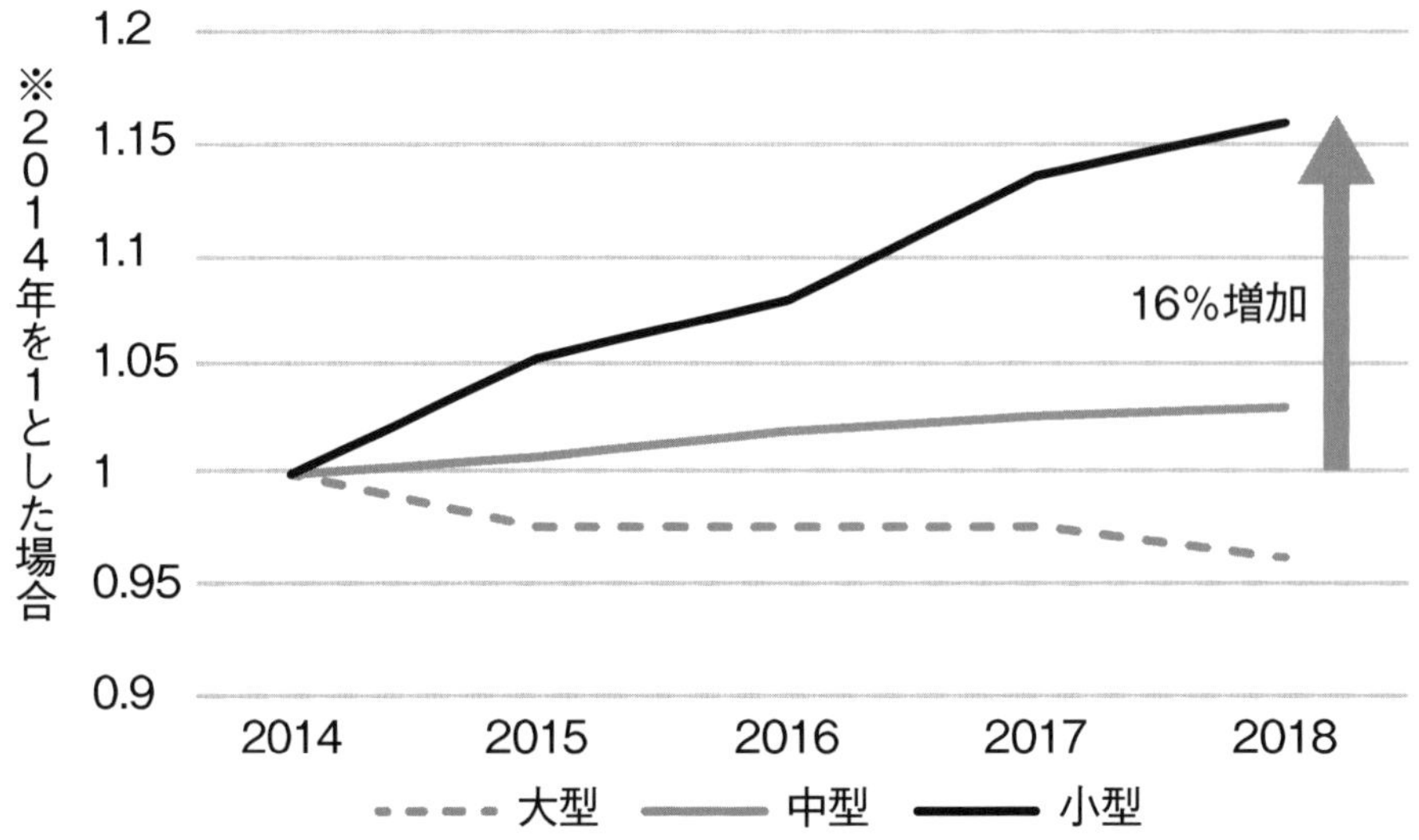

「スーパーマーケット店舗数統計調査」（統計・データでみるスーパーマーケット）（http://www.j-sosm.jp/dl/index.html）を加工して作成

わない」という選択もできます。「納豆くらい、また買いに行けばいいや」と思うからです。

けれども年を重ねると、歩くことが遅くなり、ちょっとした移動でも疲労を感じやすくなりますから、外出も困難になってきます。店内を歩くのも疲れます。納豆のようなどこのスーパーやコンビニでも扱っていそうな商品ですら、今度いつ買いに行けるかわからないため、「とりあえず買っておいたほうが安心」と思ってしまいます。そのため**高齢者は、若い人よりも1回に多くの額の買い物をしようとするのです**。

そんな事情もあって、自宅からの距離が近く、それほど広くないために店内での移動が簡単なお店が注目されています。近年、都市部では「まいばすけっと」「アコレ」「m・i・n・iピアゴ」「マルエツプチ」「レガネットキュート」などの小型スーパーが増えていますが、高齢者に人気があるのはまさにこのようなお店です。「セブン－イレブン」「ローソン」「ファミリーマート」「セイコーマート」のようなコンビニは、元々近くにあって小さな店舗ですが、米や果物、野菜なども置くようになってきていますので、高齢者はコンビニに行くことも増えています。

さらには、**繰り返しの癖というのもあります。**認知症になると畳をむしったり、何度も新聞をたたんだりなど、繰り返すことが多くなります。そのため、何度も癖で同じ商品を手に取ってカゴに入れてしまうことがあるのです。

認知症になると、万引きを起こしやすくなる

買い物で多いトラブルは、「買いすぎる」「お金の管理ができていない」ということです。5）ただし被害は、本人や家族など身近な人たちだけに及ぶものに限りません。「万引き（窃盗《せっとう》）」といった、外部の人間を困らせるトラブルも起こしてしまうことがあります。

スーパーで起きているトラブルを研究すると、高齢者によるトラブルが全体の３分の１以上となり、その中の３分の１程度が認知症によるものとされています。6）**高齢の女性が起こす**

トラブルだけ見ると、その9割が万引きとなっています。ちなみに、万引きをする認知症の人には、前頭側頭型認知症を患っていることが多いといわれています。

「だったら、買い物はさせないほうがいいのか」というと、これがやりがちな間違いです。**買い物を続けることが、認知機能を保つのに有効**であるからです。

「トラブルの可能性が少しでもあるから、買い物には行くな」というのは、むしろ認知症を促進させる可能性を高めてしまいます。できることならば、同伴して本人が買うのを見守ることが、認知症の進行予防には有効なのです。長谷川式認知症スケールという簡易知能検査で10点ぐらいというやや高度の認知症の人も、見守りがあれば買い物ができるという報告もあります。7）

記憶を使うトレーニングも有効です。パズルを解く、計算をしてもらう、ということが効果的であることがわかっています。

家の中の写真を撮るだけで、ゴミだらけなのに気づきやすい

ものをため込んでしまう原因としては、**認知機能の衰えだけではなく、体の変化が原因になることも多々あります。主なこととしては、視覚と嗅覚の変化**です。

視野（有効視野）が狭くなると、目としては全体は見えているのですが、意識としては一部しか見えません。テレビを観ていれば、テレビしか目に入りません。冷蔵庫に行ってお茶を出そうと思ったら、冷蔵庫にしか目が行きません。そのため**家全体が汚れていても、テレビの画面など自分が意識する部分以外は気づかない**のです。見て見ぬフリをしているわけではなく、本当に気づかないというところがポイントです。

この対処法としては、写真を撮るという方法があります。写真を撮ると俯瞰《ふかん》してものを見やすくなるため、ゴミがたまっていることにようやく気づくこともあります。

嗅覚の低下も、ものをため込んでしまう原因になりやすいです。近所の人からするとすごい異臭なので、「本人は一体、何を考えているのだろう」と思われている一方で、**本人はその悪臭に気づいていない**のです。

ずっとそこに住んでいると同じニオイを嗅《か》ぎ続けることから慣れてしまう、あるいは嗅覚自体の低下によって悪臭に気づかないといったことが原因になります。

高齢になると嗅覚が衰えますが、**特に認知症であると嗅覚の低下は顕著**となります。仮にゴミや糞尿を忘れていても、嗅覚が低下していなければ悪臭に自分が耐えることが難しくなります。けれども嗅覚が衰えると、自分としては問題が起きているとは全く思わないのです。

ですから、「異臭がするから、ゴミはちゃんと捨てて！」「オシッコやウンチを、そこら中にまき散らすなんてあり得ない！」と言ったところで、**言いがかりにしか聞こえません。**「自分にとっては、ゴミなんてない。変なニオイだって一切発生していない。それなのに『臭いからゴミを捨てろ』と、家族や近所が文句を言ってくる」というのが実感です。ですから、**無理やり捨てるのはやりがちな間違い**です。


嗅覚に関しては、早めにニオイを感じる練習をしておくと衰えにくいです。実は嗅覚は、意識して使うと衰えにくいことがわかっています。周囲は、例えばアロマをたいたり芳香剤を置いたりして「これ、何のニオイかわかる？」と聞いてみるのも一つです。

自分で嗅覚を鍛える方法もあります。晩御飯で、お米のニオイ、魚のニオイ、味噌汁のニオイを改めて嗅いでみるくらいでも十分です。普段何気なく食事をしているだけだと気づきにくかったニオイも、改めて嗅いでみるとそれぞれに特徴的なニオイがあります。こういったニオイに気づけば、同じ献立でも日ごとにニオイの違いもわかってきたりするため、どんどん嗅覚が鍛えられるのです。ニオイを感じれば美味しく食べることにもつながるので、食事でニオイを意識することはいいこと尽くめなのです。

可燃ごみは収集日が多いからと安心はできない

ゴミは収集の曜日が決まっていて、出す時間まで決まっています。でも認知症になると、曜日や時間の感覚があいまいになるために、「燃えるゴミを出そうと思ったら、今日は燃えないゴミの日だった」というのが続いて「そのうち、ゴミに出そう」と思って、その**ゴミ自体を忘れてしまいます。**

一番問題になるのは、可燃ごみです。可燃ごみは異臭を放ちやすいうえに火事の原因にもなります。可燃ごみは収集日が多いのですが、年を重ねたり認知症になったりすると曜日を覚えにくくなりますから、収集日が多いといっても安心はできません。

家族が一緒に住んでいない場合は、**家族が定期的に訪ねて収集日に捨ててあげる、ないし、ゴミを持って帰ってあげるという配慮も必要**です。悪臭が発生しやすい生ごみは、丸裸になっているともあるので、梱包《こんぽう》してあげましょう。

また周囲は、ゴミの収集の曜日を間違えたとしても、責め立てないようにしましょう。強く注意をすると、本人はゴミを捨てに行くのが嫌になってしまうからです。

「ゴミため」の正体

↓周囲が無理やり捨てようとすると、さらに余計にものをため込むようになる
↓ゴミをゴミだと認識していない
↓ゴミためが、悪臭、さらには火事の元になることが
↓何に使うのかはっきりしなくても、捨てずに保管してしまう
↓最初は家中に、次第に手元にものを散らかすようになる
↓不潔・収集癖への無関心となる「ディオゲネス症候群」に、高

齢者はなりやすい

↓ものを手放す寂しさから、捨てられずにいる

↓寂しさをまぎらわすために、ペットをたくさん飼うことがある

↓記憶力の低下だけでなく、移動が困難であるため、同じものを買ってしまう

↓高齢者は一度の買い物で、たくさん買いがち

↓認知症になると、繰り返しの癖が出やすいため、同じものを何度も買いやすくなる

↓認知症ではなくても、視覚や聴覚の衰えでゴミためめの癖が

つきやすくなる

↓ゴミの回収日を忘れてしまう。そしてそのままゴミ自体も忘れてしまう

●周りの人がしがちな間違い
・捨てることを強く勧める
・勝手に捨てる
・「臭いからゴミ（や糞尿）を片付けろ！」と叱りつける

●周りの人がすべき正しい行動
・「それ、ほしい！」と、ゴミをもらう
・捨てる必要性を説明し、理解してもらう
・買い物に行ってもらう。不安なら、一緒について行く

- 家の中の写真を撮って、ゴミためになっている様子を伝える
- ゴミを捨ててあげる。ゴミを持って帰ってあげる
- 悪臭が発生しやすい生ごみは、梱包する
- 収集日を間違ったとしても、責め立てない

●自分がこうならないために

- 買い物をする習慣をつける
- パズルを解く、計算をするなど、簡単な頭のトレーニングをする
- 食事の時に、料理のニオイを嗅ぐ習慣をつける

認知症のよくある困った行動【その7】

暇なのに待てない／曜日や月日、さらには自分の年齢も答えられない

――70歳を過ぎると、30秒が1分に感じてしまう。年齢は、わざとでたらめに答えることもある

Gさんの夫は、定年後から徐々に「待つ」ということが難しくなってきました。スーパーでレジを待っていると、

夫「まだなのか？　ずいぶん遅いな」

Gさん「まだ1、2分しか経ってないでしょ？」

夫「いや、ずいぶん待たされてると思うけど。文句言ってこようか」

Gさん「ちょっと、そんなみっともないことするの、よしてくださいよ……」

夫は、買い物の後に特別何か用事があるわけでもないのに、そわそわとし出してしまったのです。

また夫は、曜日・月日の感覚もなくなってきているようです。Ｇさんの家庭では、夫がゴミを出す当番になっているのですが、ある日の朝のことです。

Ｇさん「ゴミ、出したの？　今日は木曜日だから、燃えないゴミの日よ」

夫「ああ、そうだったか」

窓から見てみると、すでにゴミは収集が終わっているらしく集積所の前にはゴミがありません。

Ｇさん「もう！　ゴミ出すの、来週になっちゃうじゃないっ」

Ｇさんは夫に、そろそろ「物忘れ外来」にかかってもらおうかと悩んでいます。

年齢によって、１分だと思う長さはだいぶ違う

高齢になると仕事や育児もなくなって、時間が比較的とれるようになっているはずなのに、高齢者はなぜか待ち時間にイライラしたり、「早くして！」と言ったりします。スーパーの会計を待っていて**「まだなの？」とせかすのは、若い人より高齢者が多い**です。

介護の現場や病院でも、「食事はまだなの？」「早くトイレに行きたい」とすごくせかしてくることが多いようです。職員が「そんなにはお待たせしていないと思うのですが」と言うと、

図5　60秒の時間感覚

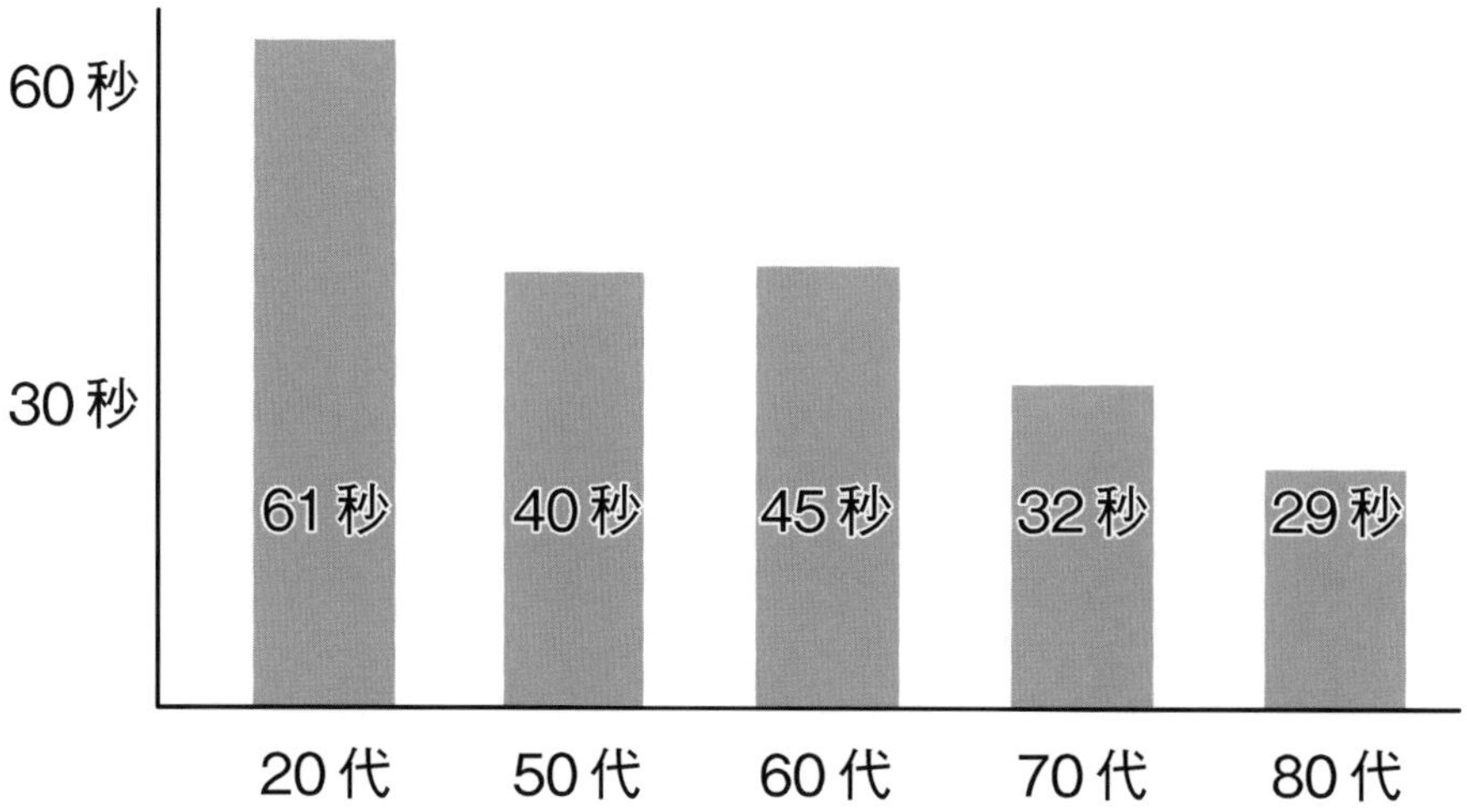

「ずっと待っているんだよ！」と怒られてしまいます。

高齢者は若い人より、待てなくなっているのです。これは**認知症というよりは、年齢による変化が主な原因**となります。「60秒経ったらブザーを鳴らしてください」という実験がありました。20代では平均で61・00秒程度で鳴らしました。50代では40・12秒と短くなり、60代で44・87秒、70代で32・11秒、80代では28・51秒と半分を切ってしまいました。[1)]

つまり**10分待たせていたら、高齢者からすると20分ぐらい待たされたのと同じ感覚になります。**原因の一つとして、年を重ねると周囲の時間がゆっくり流れるように感覚が変わってきてしまうからだということもわかっています。

さらに、**高齢になると今がいつなのかという時間感**

覚も衰えてきます。[2] 曜日や月日は仕事をしていたり、テレビで決まった番組があったりすればリズムが作れますから把握しやすいのですが、定年後や育児が終わってしまうと曜日感覚はなくなってしまうのです。

定年や育児の終わりが、曜日感覚を低下させる

年齢を重ねると、曜日や月日の感覚も衰えてきます。

認知症の検査で、年月日や年齢を答えてもらうというのがあります。確かにこれは認知症を調べるのには有効なのですが、一つ問題があります。それは、**普通に年を取っても年月日・年齢の記憶が怪しくなる**からです。

若くても、正月になると今日が月曜日か火曜日かというのはすぐにわからないですよね。それが、**定年を迎えて出勤がなくなると、「平日・休日」という区切りも必要がないので覚えない**のです。**育児についても、平日に学校に行く子供がいなくなることから、曜日感覚の低下につながることがある**のです。

また年齢に関しても、29歳の時と30歳の時では1歳の違いは大きかったですが、91歳と92歳

ではその差は大きく感じないため、年齢がわかりにくくなるのです。

さらに、**何となく年齢をごまかしてしまう人もいます。**89歳だとしても、キリがいいからという理由で「90歳です」と言ってしまう人は意外に多いのです。ですから、私が診察の時に「あれっ、年齢が違うな。違う人かな？」と困った顔をしていると、「すいません、本当は89歳です……」と言われることもありました。

女性の場合は、いくつになっても若く見られたいというのもあるらしく、88歳だけど70歳とサバを読むことは割とよくあることです。それなのに「認知症かな？」と疑っては失礼です。

間違った返答をする理由としては、高齢者は、聞こえていないのに聞こえているフリをすることもあります。正確に聞こえていないため、でたらめな回答をしてしまうのです。

なぜこんなことを高齢者はしてしまうのかというと、**聴覚が衰えることが関係しています。**相手の話が聞こえない時に毎回「えっ、何？」と聞き返すのも気まずいので、「そうね」というようにわかったフリをしてしまうのです。そうすると「〝記憶〟が悪い」のではなく「〝聞こえ〟が悪い」だけなのに、結果として間違えて答えてしまうことがあるのです。

「思い出せない」のが物忘れ、「覚えることすらできない」のが認知症

以上から、**時間を長く感じてしまって待てなくなるのも、曜日や月日の感覚が低下するのも、認知症が原因なのか、単なる老化による体の変化が原因なのか、わかりにくい**のです。さすがに実の子供の名前も忘れたとなると、認知症の疑いがかなり高くなります。これはとてもショックですが、もちろん悪気はありません。人の名前は忘れやすいのです。でも、あなたとの思い出や気持ちはどこかに残っています。

しかも認知症一つにしても、原因疾患から「アルツハイマー型認知症」「レビー小体型認知症」「脳血管性認知症」などに分類され、70種類近くあるともいわれており、その識別も結構難しいのです。ですから、「病院に行けば認知症かどうかをしっかり診断してくれて、そしてどの医者も診断は同じ」と思われがちですが、そうでもありません。さらには認知症の基準というのがＩＣＤ－10、ＤＳＭ－Ⅲ－Ｒ、ＤＳＭ－Ⅳ－ＴＲなどいくつかあって、医者がどれを選ぶのも自由です。

もちろんかなり進行すれば、誰が診ても認知症と診断します。しかし初期の認知症では、あ

る医者に「認知症」と診断される一方で、他の医者からは「認知症ではない」と言われるということが起きてきます。

とはいっても、とっても簡単にいうと認知症は「脳に問題があることから、記憶や判断に問題があって、日常生活に支障が出る」という状態を指します。ただ、脳に問題があるかというのは検査をしてもはっきりしないことも多いので、大切なのは「記憶や判断の問題があって、日常生活に支障が出ているかどうか」を把握することです。

ところで、「普通の物忘れ」と「認知症」の違いはわかりますか？　**普通の物忘れは「覚えることはできるけれど、思い出せない」状態**です。一方で**認知症は「覚えることができない」**のです。

だから、普通の物忘れは物忘れをしている自覚があります。旅行をした時に何を食べたかを忘れるのが「物忘れ」、旅行したこと自体を忘れてしまうのが「認知症」です。このような記憶や場所がわからなくなったり、見えているはずのものが見えていなかったり、会話が成立しなくなることが認知症の主な症状です。

五感が衰えただけなのに、認知症だと勘違いされることは多い

記憶障害などは元には戻らないため、「認知症は治らない」とよくいわれています。しかし、外来をしていると「認知症だと思っていたけれども、実は目の病気や加齢変化だけだった」「認知症と疑っていたのに、耳の病気や加齢変化が起きているだけ」ということがあります。

ですから、体の感覚が年齢でどう変化するのかを知らないと、「認知症だから、書類を見せても読めなくなった」と思いきや、実は「白内障で目が悪くなっていただけで、認知症ではない」といったことが起きるのです。

このように**五感がおかしいだけなのに認知症だと思われている人は、目なり耳なり声なりの治療やリハビリをするだけで「認知症が治った」かのように見えることがあります。**

もっと深刻で、家族など周りの人を非常に困らせるのは、記憶障害よりも暴言・暴力・幻覚・妄想・失禁というものです。実際に入院する患者さんに認知症があったとしても、これらの症状がなければ特に問題なく日常生活を過ごして退院されることがほとんどです。しかし、これらの症状が一つでもあると、看護師が夜も眠れなかったり、部屋が汚れて清掃が必要に

なったりなど、かなり大変になってきます。

周囲が困るこれらの症状は実は、記憶障害だけでなく、記憶に関連して他の要素が加わって起きてきます。他の要素とは、生活だったり体の変化だったりです。そのため、これらの症状をBPSDとか周辺症状といって認知症の主な症状ではないとしています。

でも、これらの**「家族としては困った症状」は、対処や治療によってある程度改善できることがあります。**ですから、**本来認知症は治っていないけれども、認知症による困った症状が改善したかのように家族からは見える**ので、家族は「認知症が治った」と思える状態になるのです。

手で鳩《はと》の形が作れなければ、認知症の疑いあり

それから、**早めに認知症かどうかを調べてもらうことは大切**です。とはいえ、物忘れ外来や認知症外来にかかろうとすると、本人からの抵抗を受けることがあります。「俺を認知症だと思ってるのか？　バカにすんじゃねえ！」と怒ったりします。

ですから、本人の頃合いを見るしかありません。「同い年の○○さんも認知症になったでしょ？　お父さんは大丈夫だと思うけど、念のために受けておかない？」と、例えばこのよう

に説得してみてはいかがでしょうか。

はたまた、「今は問題ないけど、いざという時のために定期的にチェックしてもらう」という名目にして、実際にチェックしてもらえればＯＫです。その時に有効となるのは、チェックリストです。次のチェックリスト[3]を使って、普段の生活を観察してください。

★チェックリスト★

□近所で道に迷う
□臭くなってきた
□季節にそぐわない服を着ている
□毎日同じ服を着ている
□具合が悪そう
□歩き方が危なっかしい
□立ち話中に何度も同じ話をする
□夜に電気をつけられない・昼に電気がついたまま

さらには**「狐《きつね》—鳩《はと》テスト」といって、手で鳩の形ができるかを見るというのもいい方法**[4]です。長谷川式やＭＭＳＥというもっと専門的な質問法もあるのですが、そのような方法だと相手に抵抗感を生んでしまうことがあるので、一般の人がするのはやめておいたほうがいいでしょう。

でも、「狐—鳩テスト」のような手を使った簡単なものでしたら、「試験」をするより「遊び」としてやってみることになりますから、嫌がられることは少ないです。手で狐の形や鳩の形をしてもらうと、鳩の形は認知症の初期の段階ですでにしにくくなることがわかっています。

図6　狐—鳩テスト

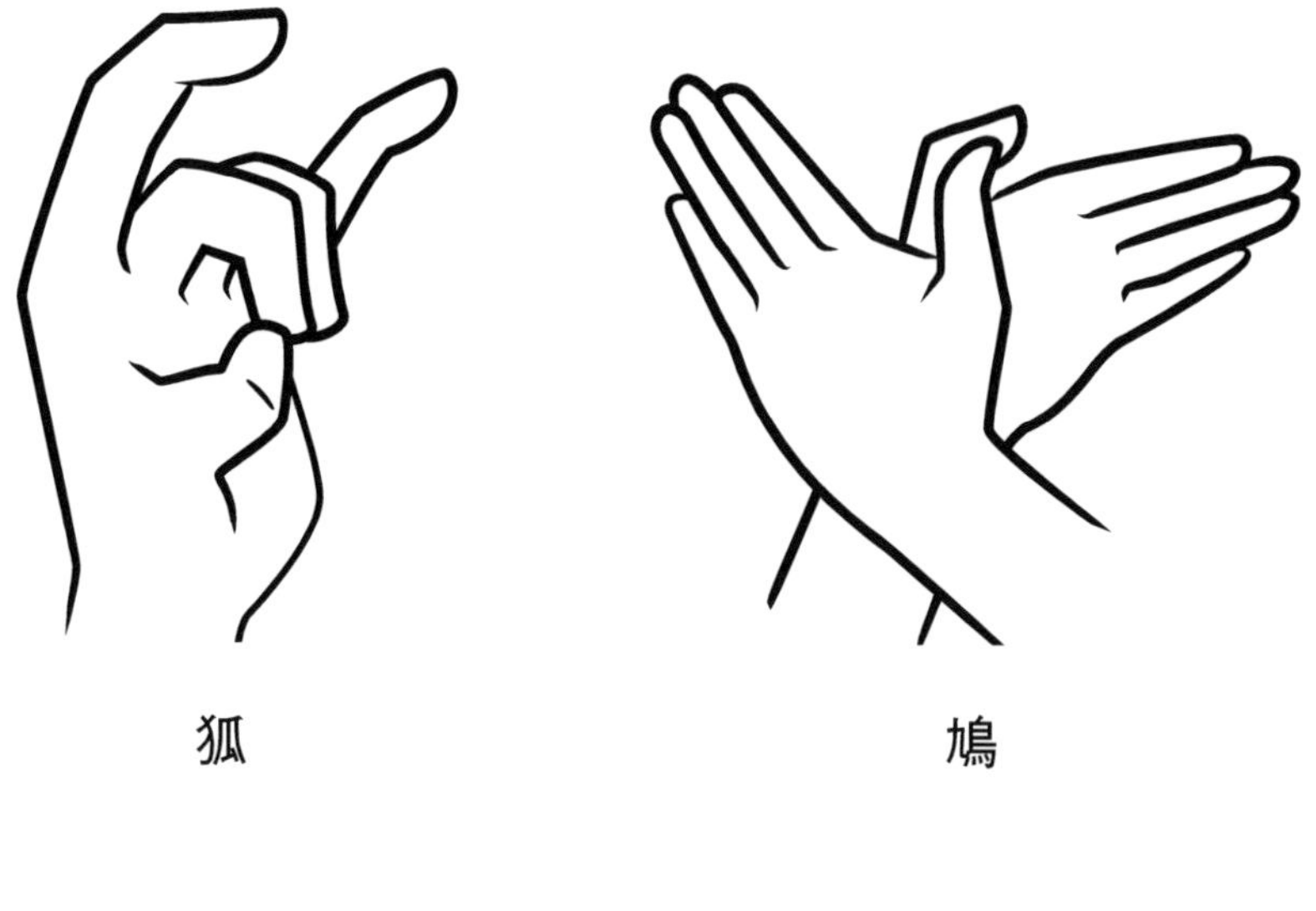

過去の写真を用意するだけで、認知症の進行が防げる

では、認知症の原因となる認知機能の低下を防ぐ方法はないでしょうか？　もちろん病院での治療も一つですが、自分でできること、家族など周囲ができることもありますので、ご紹介します。

方法の一つとしては、**メモリーブック**[5]といわれるものがあります。「アルバムにコメントをつけたようなもの」だとイメージすると、わかりやすいかもしれません。認知症になってきている人の**過去の写真**を紙などに貼りつけ、**「当時はどういう生活をしていたのか」**を本人に聞いて、それを記載していくというものです。さらに、**「今後はどうしていきたいか」**ということも聞きます。

このメモリーブックのいい点は、**過去の記憶を思い出していく「回想法」という認知症のリハビリを自然と行えることにあります。**過去を振り返るのは悪いことではなく、いいことなのです。というのは、過去を思い出していく中で、記憶の流れがよくなるからです。しかも、感情がこもった体験を振り返ることが多く、それが脳にいい影響を与えます。

メモリーブックは本人だけでなく、周囲にもメリットがあります。徘徊してしまった時、あるいは今住んでいる家にいるのに「家に帰りたい」と言った時に、あらかじめメモリーブックを作っておきますと、「子供の頃住んでいた大阪の家に帰りたいんだ」などヒントが見つかることがあるのです。もちろん、介護のヘルパーさんなどにサポートをしてもらう時にも、メモリーブックで引き出せた情報は役立ちます。

体と頭を同時に動かしてもらうと、認知機能が保持できる

ただし回想法は、メモリーブックなしでもできます。**過去の思い出を聞くだけでもよく、それが認知症の予防になる**のです。6）

「前も聞いたんだけどな」と思う話や、昔のいい話ばかりになることも多いでしょう。すると「認知症が進んだのかな？」と心配になるかもしれません。

でも、心配はありません。**過去の記憶は残っているけれども最近の記憶は残りにくいというのは、認知症でなくても高齢者ではよく起こる**からです。はたまた過去を美化してしまうというのも、決して悪気はないのです。記憶の特性上、**過去の悪い記憶を消していい記憶だけ残すように脳ができている**からです。それは認知症にかかわらず、通常の高齢化でもよく起こるこ

となのです。

認知機能を保持するためには**「デュアルタスク」**というのも効果的です。「デュアルタスク」とは前のページでも紹介しましたが、二つのことを同時にこなすという行為です。特に、**体を動かすことと頭を使うことを同時にこなすのが効果的**です。例えば散歩をするとしたら、ただの散歩ですと運動の効果しか得られません。そこで、散歩しながら「１００から3ずつ引き続ける」という簡単な計算をするだけでも、頭の訓練を兼ねることができます。こうすることで脳の機能が鍛えられ、認知症の悪化を防ぐことができます。

ありがちな間違いとしては、無理強いをすること。「認知症にいいんだったら、何でもします！」という気持ちはとてもよくわかるのですが、かえって逆効果になることもあるのです。

認知症の進行が初期でまだ認知機能がしっかり残っていればいいのですが、認知症がかなり進んでしまった後にトレーニングをするのは苦痛でしかありません。右手が動かない人に「右手を動かして運動をしよう」と言っているようなものであり、むしろ悪化させてしまいます。

認知症はいくら心配しても解決しない。今を楽しもう

テレビを観ていると、認知症になると施設に入れられ、施設では虐待《ぎゃくたい》されたりひどい目に遭わせられたりという印象があると思います。確かにテレビでは、そのようなニュースやドラマがあります。

しかし現実には、**ひどい施設だらけなのではありません。**施設に入ったことでラクに過ごせるようになった人もたくさんいますし、まして**虐待は稀**です。1件でもあったらよくないことではありますが、統計的には98万人という施設にいる人の中で408件、わずか0・04%程度です。

稀だからこそ、ニュースになるのです。「施設で高齢者が普通に楽しく過ごしている」というのはニュースになりませんが、「施設で高齢者を虐待した」はニュースになるということです。

だからこそ、施設に対して過度に悪いイメージを持ってほしくないのです。自宅介護で疲れている時に「施設になんて入れたくない」と抱え込んでしまうのは辛いことです。**自宅での介護の虐待は1万5976件と、むしろ施設より多く、**家族が追い込まれてしまえば自宅でも虐

待が起きてしまうことが多いのです。

80歳になっても100歳になっても、老後のことや認知症が進んだらと心配する人は多いです。

１００歳でテレビＣＭに出演して有名になった「きんさんぎんさん」という双子の姉妹がいました。彼女たちは、そのＣＭのギャラを「老後の蓄《たくわ》えにする」と言っていました。「１００歳で老後ですか……⁉」とインタビューした人もびっくりしていましたが、１００歳になっても何歳になっても老後は心配になります。

60歳ぐらいだと、もっと年を取れば先が短いから心配しなくて済むようになると思っているかもしれませんが、その人が実際に70歳や80歳になったとしても、心配はいくつになってもしてしまうものです。

また、ほとんどの人は「もっとお金があれば安心なのに」と思うかもしれません。確かにお金のある高齢者は高級な施設に入ってよりよいサービスを受けることができます。けれども、お金も無限ではありません。「３０００万円あれば安心」「１億円あれば、何が起きても大丈夫」などと思う人も多いようですが、富豪になってもお金の心配をし続けている高齢者はたくさんいます。今お金があろうがなかろうが、いつどのくらいお金が必要になるかは、正直誰にもわからないのです。ですから、今できることを精一杯やるしかありません。

「待てない」「曜日・月日・年齢を答えられない」の正体

↓年齢とともに、同じ1分でも長く感じるようになる

↓70歳を過ぎると、30秒が1分に感じてしまう

↓定年や育児の終わりが、曜日感覚を低下させる

↓わざと年齢をごまかす高齢者も多い。特に、女性

↓話が元々聞こえていないから、いい加減な返答をすることがある

↓認知症の診断結果は、医者によってバラバラになることも多い

↓物忘れは「覚えられるけど思い出せない」。認知症は「覚えることすらできない」

↓認知症かと思ったら、認知機能は正常で、目や耳が悪かっただけということも珍しくない

●周りの人がしがちな間違い

- 物忘れ外来や認知症外来に、無理やり連れて行く
- 認知症がかなり進んだ段階で、認知症予防策を無理強いする
- 老人の客はどうせ暇だからと、放置する

●周りの人がすべき正しい行動

- 早めに認知症かどうかを調べる
- 物忘れ外来や認知症外来へは、うまいこと言いくるめて連れて行く
- 手で狐や鳩の形を作ってもらう
- メモリーブックを作る
- 過去の思い出話を聞く
- 体と頭を同時に動かしてもらう
- 高齢のお客様は時間があっても待てないので、早めにお声がけをする

認知症のよくある困った行動【その８】

気温や季節を無視した服装をする風呂場で倒れる

——部屋内で熱中症、ヤケドで入院、風呂場で死亡……。簡単に起きてしまいます

Hさんの母は70代。ちょっと認知症気味ですが、生活に困るほどではありません。
Hさん「最近寒いけど、お母さん大丈夫？」
母「大丈夫よ。温かくして寝られるように、湯たんぽ使ってるから」
Hさん「そうなんだ。ならよかったけど、風邪ひかないでね」
と、電話で話した翌日のことでした。病院から電話がかかってきたのです。
母「ごめんね、入院することになっちゃって。荷物とか持ってきてくれる？」
Hさん「えっ、入院したの？　なんで……!?」
母「ヤケドしちゃってね」

病院に行って母を見ると、足はヤケドしてただれてしまっています。布団の中で足元に湯たんぽを置いた状態で、そのまま熟睡してしまったのが原因のようです。ヤケドはひどく、皮膚《ひふ》だけでなく筋肉にまでダメージが及んでいます。ヤケドがもっと進行していたら、命にもかかわるほどでした。

夏なのに厚着をしたり、冬なのに薄着をするのはなぜ?

認知症になると、温度に対する感覚も変わってきます。それは、認知症が自律神経にかかわってしまうことも原因となります。自律神経というのは、無意識に体のバランスを取ってくれる神経です。ですから、自律神経が乱れると**体温調整がおかしくなり、ほてってしまったり、やたらと寒く感じたり、手足が冷えやすくなったり**します。また、**暑いのに暑くないように、寒いのに寒くないように感じることもあります。**

湯たんぽを渡すと、先の例のように使い方を誤って**ヤケド**をして入院にまでなってしまうことも。

「寒いからめいいっぱい温まりたい」と一番風呂で熱い風呂に入りたがることがありますが、急激な温度変化が起きることから**心筋梗塞《しんきんこうそく》**の危険もあり、命にもかかわります。

温度感覚がおかしくなるだけでなく、**季節を忘れてしまうこともあります。**若い頃は、「今日は何月何日？」と聞かれてすぐに答えられないこともあるかもしれませんが、今が夏なのか冬なのかと言われるとさすがにそれはわかりますよね。

でも認知症になると、季節がわからなくなることがあり、**間違った服を着てしまいます。夏なのに厚着をしたり、冬なのに薄着をしたりして、体調を崩してしまうのです。**

炎天下の外よりも、部屋の中でのほうが熱中症は起きている

認知症によって温度感覚はおかしくなりますが、**そもそも年を重ねると温度・体温の感覚がずれてくることがわかっています。**[1]

また高齢になると、**汗をかきにくくなるため熱中症になりやすい**です。実際に年間で５万人近くが熱中症で病院に搬送《はんそう》されていて、そのうちの半数近くの48・９％が65歳以上となっています。[2] **熱中症はやはり暑い所に住んでいるほうが起きやすくなります。**ですから、沖縄で多く、九州も次に多いです。岡山・高知でもかなり多いので、注意が必要です。

熱中症というと炎天下の外で発症するものかと思われるかもしれませんが、**ほとんどが建物内**で37・0%を占めます。昔は「冷房を使うと体に悪い」という考えがあったため、冷房を使わない高齢者がいることも原因です。ただ、冷房を使うにしても、「暑くなったら冷房を使おう」と思ううえ、温度感覚が正確ではないために、実際の気温はかなり高いのに気づかず冷房を使わずしばらく過ごしてしまって、それで体調を崩すということもあります。65歳を過ぎたら、自分の感覚は信じないで**温度計を見るように心掛けたほうがいい**のです。

高齢者の1割が入院にもなるヤケドは、防ぐ方法がたくさんある

冬の場合はどうでしょうか。**高齢になると基礎体温は0・2度下がります。**[3] これは代謝といって体の発する熱が減るからです。筋肉も脂肪も減ってしまうので、若い頃より体温が下がります。

となると、寒さよりも暑さに敏感になるのでは？と思われるかもしれませんが、そんなこともないのです。なぜでしょうか？　それは、年を取ると寒さより暑さに対して鈍感になるからです。その結果、ヤケドになることも多いのです。

若い頃は、1度の温度変化を感じることができました。しかし高齢になると、3〜6度温度

が変わらないと寒暖をあまり実感できないのです。ですから、ヤケドの中でも**低温ヤケドを起こすことが多くなります。**湯たんぽやカイロなど「ちょっと温かいな」と感じているものに、長時間触れてヤケドになってしまうのです。そのうえ、湯たんぽやカイロの存在を忘れてしまうこともあって、それがヤケドの発症率を高めてしまいます。

しかも**高齢者のヤケドは軽傷じゃないことも多く、８・４％は入院を必要とするほどになります。**[4]

では、ヤケドはどういうふうに気をつければいいのでしょうか？　まず覚えておきたいのは、**上半身より下半身のほうがヤケドしやすい**ということです。湯たんぽを布団の中の足元のほうに入れていてその熱でヤケドをする、というように下半身が多いのです。

原因として、下半身のほうが冷えやすく温めたくなるということもありますが、それ以上に医学的な理由があります。上半身より下半身のほうが、温度変化を感じにくいということがあるからです。

温度変化を感じやすくするには、スペアミント、タイムなどのハーブが有効[5]であるといわれています。温度刺激に応答するＴＲＰＶ３という部分を活性化してくれるのです。また、

帽子や手袋を使い、ヤケドの原因になる加熱式の器具を使わないという工夫も必要です。厚手の服を着るよりは重ね着のほうが間に空気が入るために、一定の温度を保てるということがわかっていますので**厚着を試す**のもいかがでしょうか。

温度感覚を整えるために有効な方法としては、呼吸法があります。まずは口をふさいで鼻から息を3秒間吸います。次に6秒間かけてロウソクの火を消すように、口をすぼめて息を吐きます。10回を1セットとして1日1セットこなします。

この方法は腹式呼吸を使うので、温度調整に関係する自律神経を整えられることもわかっています。

冬の夜の風呂は、死と隣り合わせ⁉

体温調整が苦手であることによる弊害は、風邪や軽いヤケドで済まないことがあります。**風呂場で命まで落としてしまうケースがあります。**

国民生活センターの報告によると、東京・大阪・兵庫の監察医（死体の検案や解剖をして、死因を解明することを任務とする医師）の調べだけでも、浴室内での死亡事故は5年間で27

36件もあったのです。[6]その8割である2188件は65歳以上。ほとんどが高齢者なのです。

死因で最も多いのが心筋梗塞で1598件、次に脳卒中で407件となっています。

寒い時は、体は血圧を上げることで体温を上げます。その後湯船に入ると急な温度変化で血圧がさらに上がり、しばらくすると温かいために血管が拡張して急に血圧が下がります。血圧の急な変動が起きてしまうわけですが、これに血管が耐えられなくなって心筋梗塞や脳卒中になるのです。高齢者は血管が弱くなっており、温度変化に気づきにくいことから知らないうちに血圧の急な上昇・下降をどんどん起こしてしまい、死亡する事態を招くこともあります。

「そんな高齢者はめったにいないでしょう。ウチは関係ないな」と思うかもしれませんが、案外多いものです。私の親戚も風呂場で亡くなっているところを発見されました。一度、親戚や友人にも聞いてみると、風呂場で息を引き取った高齢者がいるかもしれません。

寒さや暑さの変化が著しいことが危険となりますから、**冬場の夜が危ない**です。実際に事故は11～3月が多く、時間的には22時頃に多いです。浴室の中と外の温度差もそうですが、風呂場でも湯船と体を洗う場所との温度差も影響します。この温度差が、冬の夜のほうが大きくなるわけです。

高齢男性が大好きな一番風呂こそ、危険度が高い

一番風呂も危ないです。では、一番風呂と二番目以降の風呂との違いは何があるのでしょうか。**一番目だと、体を洗ったりする場所の温度が低いのが問題となる**のです。浴槽のお湯の温度は高いのですが、体を洗う場所の温度は低いというように、温度差が大きくなってしまうのです。

一方で二番目以降に風呂に入る時は、前の人が風呂に入ってお湯を使っているので、体を洗う場所の温度が高くなっています。また、浴槽のお湯の温度は下がっています。よって、浴槽のお湯と体を洗う場所の温度差は、一番目よりも小さくなっています。

とはいっても、特に男性の高齢者は一番風呂にこだわる人がいますよね。「俺がこの家で何をするにも一番だ」とか「お湯がまだ汚れていなくて気持ちいい」など、心理的な側面が多いようです。

ですから、無理に一番風呂を止めなくてもいいのですが、心筋梗塞や脳卒中という最悪の事

態だけは気をつけてください。私の父も一番風呂の熱いお湯が大好きです。父の後でもすぐに風呂に入ろうとするとヤケドしそうなので、水を足してから入るほどです。「お湯をそんなに熱くしないで」と、私は子供の頃から父に何度も言っていますが、全く聞いてくれません。

なお、一番風呂の問題点は、心筋梗塞だけではありません。一番目と二番目以降ですと、浴槽のお湯が変わってきます。一番風呂の時には、熱いお湯があるだけです。二番目以降になると前の人が入った後なので、多少の皮脂が含まれます。このことをよく「一番風呂はお湯が硬い」「二番目以降はお湯が柔らかくなる」といいます。感覚的に理解できる言葉です。

実際に**一番目ですと刺激が強く、皮膚がダメージを受けやすくなります。**皮膚には刺激になってしまい、皮膚から脂分が出てしまいます。結果として、**皮膚の乾燥を作ってしまう**のです。

それを防ぐためには、**入浴剤を入れるといい**です。ただし、本物の温泉に近づけるために硫黄が入っている入浴剤は、皮膚への刺激が強くなりますから避けましょう。**保湿成分が含まれている入浴剤のほうがいい**です。

浴室を温め、入浴は20分以内とし、風呂の前には一声かけてもらう

風呂場での事故を防ぐには、いくつか方法があります。浴室全体を温めて、浴槽のお湯と体を洗う場所の温度差を縮めるという目的を果たすための方法となります。

一番簡単なのは、**暖房を入れる**こと。ただこれは、浴室暖房が設置されている家に限ります。**蛇口ではなくシャワーから出るお湯で浴槽にお湯を張り、風呂のフタはしないという方法**もオススメです。温かい蒸気がたくさん出てきますから、これで浴室全体が温かくなります。**体を洗う場所に打ち水ならぬ打ち湯をする**のも、体を洗う場所が徐々に温かくなりますからいいです。

一緒に住んでいる場合は、いざという時のために、**風呂に入る時は一声かけてもらうようにすると、もっと安心**です。風呂からあがってくるのが遅ければ、様子がおかしいことにもすぐに気づくからです。「いつの間にか心臓が止まっていた」という事態をより早く発見し、救命することができます。

また、マナーとして一声かけるという目的もあります。ずっと一緒に暮らしている家族だと、

挨拶もおざなりになってくることがありますが、この一声がコミュニケーション活性化のきっかけになるかもしれませんよ。

家族みんなが20時前後など、**同じ時間帯に風呂に入ることも、お互いの様子が把握しやすくていいこと**です。仕事や学校がある平日は難しいでしょうが、休日ならやりやすいのではないでしょうか。

自分で風呂に入る時は、いきなり湯船に入らず、まずはかけ湯をしたほうがいいです。かけ湯をすることで体が徐々に温まるため、血圧や体温の調整がしやすくなるからです。その後で湯船につかれば、心筋梗塞や脳卒中の可能性はぐっと減ります。

かけ湯のやり方ですが、最初は足にお湯をかけて徐々に体の上のほうにお湯をかけていくという方法で構いません。かけ湯をすることで体の汚れがある程度とれますから、他の人のために浴槽のお湯をきれいにしておくという意味でも、とてもいいことです。

浴槽のお湯の温度は38～41度にし、20分以内の入浴がよいとされています。これを守っておけば、20分経っても出てこなかったら、家族もすぐに様子を確認することができます。

これまでも、心筋梗塞で死亡した人は「入浴して2時間しても出てこないから、心配で見に行ったら倒れていた……」というように、だいぶ時間が経ってから発見されることが多いのです。

人工呼吸はしなくていいけど、心臓マッサージだけは絶対にしよう

それから、心臓マッサージも知っておくと安心です。心臓マッサージというと「やるのが怖い」「やり方がわからない」という人が多いです。「どこを押せばいいの？」「人工呼吸もするんだよね？」「何回押して、人工呼吸が何回とか習ったけど忘れた」といった声もよく聞きます。一応正解をお伝えしますと、「心臓マッサージを30回して、人工呼吸を2回する」となります。

ただし、**基本的には「心臓マッサージだけ」でいい**です。「人工呼吸」はしなくても大丈夫です。なぜなら、**人工呼吸は思っているより難しい**からです。ちゃんと空気が送られないとあまり意味がありません。ですから、自信がなければ心臓マッサージだけでいいのです。

では、心臓マッサージのやり方を紹介しましょう。まず、そもそも息が止まっているのかを

図7　心臓マッサージの正しいやり方

1 倒れている人の胸の中央に（乳頭と乳頭を結ぶ線の真ん中）

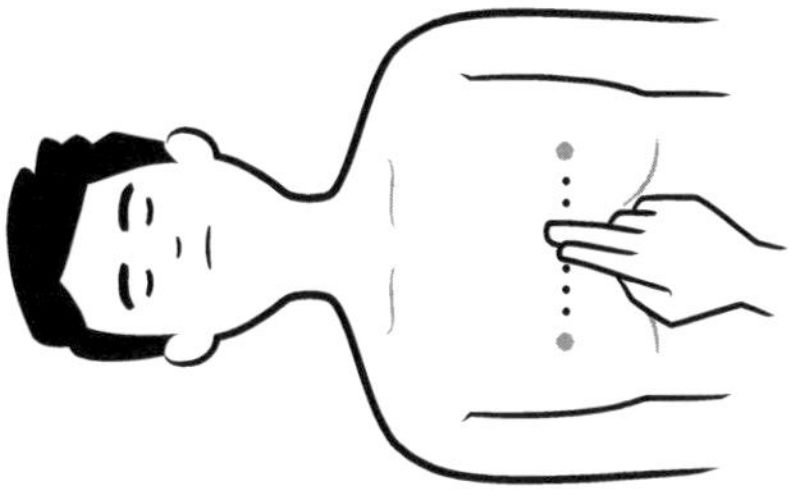

2 手のかかとの部分を重ねてのせ

3 肘を伸ばしたまま（両肩が胸骨の真上に）

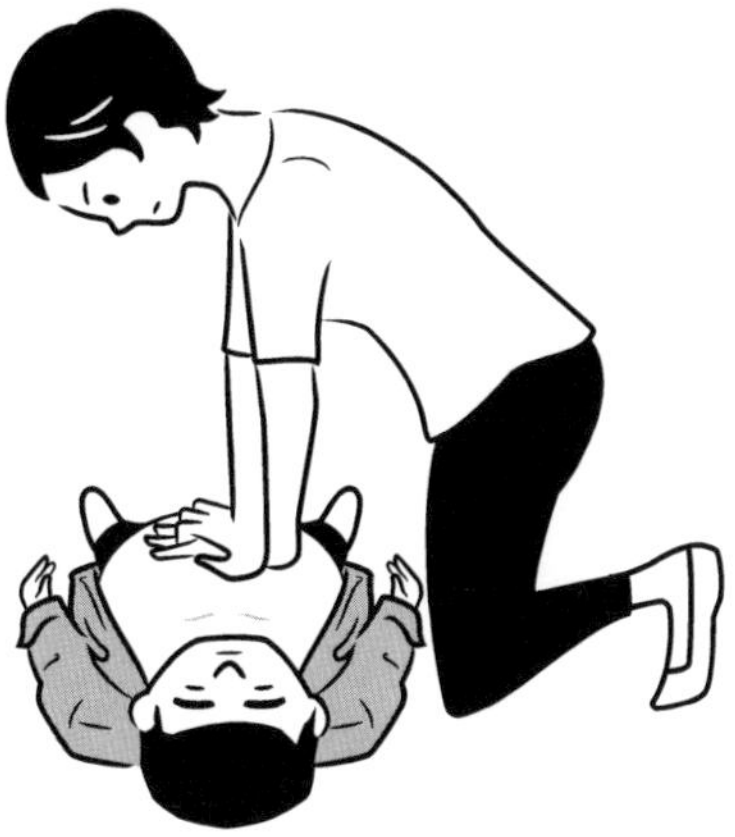

4 真上から強く（胸が５～６センチくらい沈むまで）押す

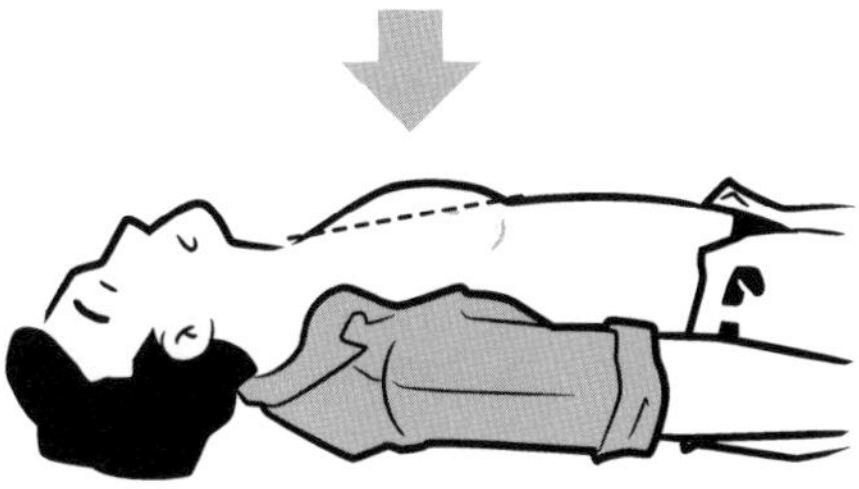

確認します。次に、乳頭と乳頭の間の胸をしっかりと押します。恐る恐るではなく、かなりしっかりと胸が5～6センチ沈むまで強く押しましょう。以上、これだけでＯＫです。

もし家族が急に息が止まった時に何もできないと、「あの時、何かできていれば……」と後悔してしまう人がほとんどです。心臓マッサージだけで十分ですので、ぜひやってみましょう。

心筋梗塞や脳卒中を防ぐには、食物繊維、青魚、納豆、バナナを

心筋梗塞や脳卒中を起こしにくいようにする、つまり、普段から血管を強くするにはどうすればいいのでしょうか？ **血管には、ペクチンやマンナンという食物繊維が重要**であることがわかっています。[7] 厚生労働省によりますと、1日に必要な食物繊維は、成人男性で20ｇ以上、女性では18ｇ以上となっています。[8] しかし、実際の食物繊維の摂取量は、1日1人あたり14・8ｇと大幅に不足しています。[9]

食物繊維というと野菜ばかり注目されがちですが、**食物繊維は水に溶けない不溶性食物繊維と、水に溶ける水溶性食物繊維に分けられます。**このうち、コレステロールの吸収を穏やかにする作用があるのは水溶性食物繊維であり、果物、海藻類、芋類に特に多く含まれています。

だから「私は食物繊維をしっかり摂っているから大丈夫」と思っていても、**不溶性の食物繊維**

ばかりを摂っているのであれば効果的とはいえません。

青魚には血管が詰まりやすくなるのを防ぎ、血液をサラサラにする効果のある不飽和脂肪酸が含まれているので積極的に食べたい食品です。青魚を週に３回以上食べる人は、心疾患の発症が減ることが報告されています。

でも、「魚なら何でもいいのでは？」と思ってしまいがちです。あるテレビ番組でお話しさせていただいた時も、タレントさんが「魚ならいいんじゃないんですか？」と言っていました。白身魚は食べるけれども、青魚は食べていないと言うのです。これはもったいないことです。白身魚には、「オメガ３系脂肪酸」という血管によい成分はあまり含まれていないからです。

青魚、具体的には**サバ、サンマ、イワシ、マグロ（ツナ）を摂りましょう。**「マグロは肉が赤いから、青魚じゃないのでは？」と言う人もいますが、解体前に見ると背が青いのが確認できますから青魚なのです。

適度な血圧が血管には大切ですから、**食塩を控えることも大切**です。とはいっても、食塩の制限だけでは難しいと思います。

そこで、**カリウムを積極的に摂ることを考えましょう。**カリウムは、体内の食塩の成分（ナトリウム）を体外に排出しやすくしてくれるものです。実際にカリウムを摂ることで、血圧は2～4㎜Hg下がるともいわれています。**カリウムは納豆やバナナに多く含まれています。**さらに、納豆には「ナットウキナーゼ」という酵素が含まれているのですが、これが血圧を下げるともいわれています。

ただしカリウムの摂取は、腎臓《じんぞう》が悪い場合は致死的不整脈などを起こしますので、主治医と絶対に相談してください。

ラジオ体操は、多くの高齢者にオススメの考え尽くされたもの

もちろん、運動も大切です。激しい運動も弱すぎる運動もよくありません。**ちょっときついかな？という程度の、中程度の運動が効果的**です。

何をしていいかわからない場合は、**ラジオ体操がオススメ**です。ラジオ体操は、第一が4メッツ、第二が4・5メッツ程度といわれています。メッツというのは、運動の強度です。つまり、第二のほうが体力を使うのです。

一般的には、3～5メッツの運動をするのがよいといわれています。とはいっても他の運動ですと、早歩きをする、平泳ぎなど、できない高齢者も増えてくるものが入ってきますから、ラジオ体操がちょうどいいかと思います。

「気温や季節を無視した服装」「温度変化への適応の悪さ」「風呂場での事故」の正体

↓認知症だけでなく年を重ねることでも、温度感覚が乱れたり、体温調整が難しくなったりする

↓暑さや寒さに鈍感になる。夏に厚着、冬に薄着ということも

↓汗をかきにくいので、熱中症になりやすい

↓熱中症は外よりも建物内でのほうが発症している

↓高齢になると基礎体温が０・２度下がる

↓高齢者はヤケド、それも低温ヤケドをしやすく、下半身のヤケドが多い

↓風呂場で心筋梗塞や脳卒中で命を落とす高齢者が多い

↓冬の夜の風呂こそ、事故が起きる

↓高齢男性が大好きな一番風呂は、激しい温度変化を生み出し、皮膚の乾燥を招くため、実は危険な行為

●周りの人がしがちな間違い

・服装が気温に合っていなくても、放っておく
・エアコンは体に悪いからと思い込んで、なかなか使わない
・何も対策を講じずに、一番風呂に入れるのを放置する

周りの人がすべき正しい行動

- 保湿成分が含まれる入浴剤を使う
- 風呂場に暖房をつける、シャワーでお湯を張るなどして浴室を温める
- 風呂に入る時は、お互いに一声かけ合う
- 浴槽のお湯は38～41度にする
- 心臓マッサージだけはできるようにしておく
- 人工呼吸は上級者向けなので、無理して覚えない

自分がこうならないため

- 自分が暑いか寒いかという感覚よりも、温度計に表示された温度を確認し、その温度によって冷暖房や服装を決めるようにする
- スペアミント、タイムなどのハーブを摂る
- 寒い場合は、カイロや湯たんぽなどヤケドの原因になるものよりも、帽子、手袋、厚着などヤケドの原因にならないものを優先して使う
- 鼻から吸って口から吐くという独特の呼吸法で、温度感覚を鍛える

- かけ湯をしてから湯船につかる
- 入浴は20分以内にする
- 食物繊維を摂る。果物、海藻類、芋類に多い水溶性食物繊維こそ欠かさずに
- 青魚を食べる
- カリウムを積極的に摂取するために、納豆やバナナを食べる
- ラジオ体操をする

認知症のよくある困った行動【その9】

身なりに無頓着になる

――高齢者の6割以上はオシャレをしたい！　でも、できない理由がたくさんある

Iさんの母は、昔は毎日化粧をして身だしなみも整えていました。しかし最近は外見を気にしなくなり、服装はダボダボで薄汚れた服を着ることが多くなりました。

Iさん「お母さん、最近そういう格好が多いけど、みっともないよ。だからアタシ、お洋服買ってきたよ」

母「そうなの？」

開けてみると品のいい赤い洋服で、小さなボタンが前にあり母に似合いそうです。しかし、渡して何か月かしても、一向に着る気配がありません。趣味が合わなかったのかなあ……。

もう一度、どういう色が好きかなどを聞いてみました。母「でも、

母「もう、この年齢だしね」

と言ってあまり今日もはっきりと答えてくれませんでしたが、それでも何とか服の趣味を聞き出してどうにか服を買いました。でも、やっぱり着てくれません。

また、母は元気がなくなってきて、食事も日々減ってきています。

オシャレに関心のある高齢者は実は多く、6割以上を占める

格好がおかしくなってくると「とうとうウチの親も、認知症かな」と思うことがあります。

実際、**認知症になると季節感覚がずれるので、夏なのに厚着をしたり冬なのに薄着をしたりして体調を崩します。さらにはオシャレに無頓着になり、あまりきれいとはいえない服を着ます。**身の回りのこと、化粧や髪のセットにも興味がなさそうです。

だからといって洋服をプレゼントしても、使ってくれません。でも、「もう無気力なのかな？」と思って**放ってしまうとさらに認知症が進行してしまいます。**

こういった**無関心・無気力になる現象は「アパシー」とも呼ばれており、認知症になると発症しやすくなります。**実際にアパシーの有症率は、**認知症があると89・7％と9割近くの人が該当してしまう**のです。1)

意欲が低下するのは主に、脳の前頭葉の機能の障害に原因があるといわれており、**注意が散漫となって食事量も低下して体も衰えてしまうことがわかっています。**

そもそも高齢者は見た目なんか気にしないのでは？と思うかもしれません。確かに、かつて高齢者はオシャレの関心度が低かったのですが、平成11年にはオシャレに関心がある高齢者は52・９％に、平成21年では60・２％と、**オシャレに気を遣う高齢者がどんどん増えてきている**のです。２）にもかかわらず、認知症があるとついつい見た目をおざなりにしてしまいます。

年を取ると、ボタンのサイズが半分ぐらいに感じてしまう

ただし、**認知症だけではなく、体の変化に関連して服装が制限されているという事実もあります。**

人間は触った感覚（触覚）を使うことでものをつかんだり動かしたりすることができます。この触覚も、年とともに衰えてきます。衰えるために指先の感覚が弱くなります。そして刺激により、**かゆみも感じやすくなります。**

また、若い時は、いちいち洋服のボタンを見ないでかけ外しができます。話しながらでもテ

レビを観ながらでも目をつぶったままでも、簡単にボタンをいじれます。これは、手の触覚がしっかりしているからできるのです。

ただ若い時でも、シャツや財布についているような小さなボタンよりも、コートの大きなボタンのほうがかけ外ししやすいものです。

高齢になると、この傾向はさらに強くなります。**若い頃よりも、ボタンのサイズが半分になったような感覚になってしまう**のです。ボタンがうまくかけられないと、せっかくデザインが気に入っていても着なくなってしまいます。

では、どのくらいの大きさのボタンがいいのでしょうか？　正解は、**直径2センチ以上**です。消費者センターの調査でも、2センチですと「ボタンが大きめでよい」という評価ですが、1・5センチになると「小さめで扱いにくい」という評価を受けています。3)

触覚が弱いとボタンのかけ外しが難しくなるだけでなく、ものを落としやすくなります。持っているという感覚が弱くなるためです。特に紙や薬の錠剤など、薄いものや小さなものを落としやすいです。

１００歳を超えても現役医師として活躍されていた日野原重明先生は「六十五歳の時でした。持っている一枚の原稿用紙を落としたのです」「その時に私はハッとしました。ドキッとしました」と著書『今日すべきことを精一杯！』（ポプラ社）の中で書いています。触覚が弱くなり、持っているものを落としてしまったのです。

傍目で見ていても、そんなそぶりはなかなかわかりません。私も日野原先生とお昼の時間などをご一緒させていただいたこともあります。当時すでに１００歳を超えていらっしゃいましたが、普通にお茶を飲んで普通に食事をされていたため、ものを落とされるようには見えませんでした。

このように触覚が弱くなっても **〝しょっちゅう〟ものを落とすわけではなく、〝たまに〟ものを落とすことが増える**のです。ですから割れやすい食器などは、「普段の様子を見ていると大丈夫かと思ってプレゼントしたら、いつの間にか割れていた」となってしまいます。

手先の感覚が弱くなったり、脳梗塞などで麻痺になったりした場合のために、**ボタンではなくファスナーで開閉できる衣服にするのもオススメ**です。ただ、ファスナーは開け閉めがしやすい反面、肌にゴツゴツしたものが当たることがあって着心地が多少落ちます。

介護用衣料品という、着脱のしやすさをかなり追求した衣服もあります。医者がほとんど紹介しないので、意外に知られていません。知っておけば、家族など周囲の人たちがいざという時に重宝しますので覚えておいてください。

どうしても**ダボッとした服を着がちな原因としては、オムツも考えられます。**

私も試しにオムツを穿いてみたことがあるのですが、薄型やパット型ですとそれほど違和感がないのですが、吸収力の高いオムツを穿くと、どうしてもお尻がポテッとしてしまいます。そんな時に、ピッチリと伸び切るような素材や単色のズボンを穿くと、オムツのシルエットが目立ちます。

ダボッとしたズボンは、オムツの存在を減らす効果があると思ったのです。

高齢者にガマロ財布ユーザーが多いのは、趣味が渋いからではない

高齢になると、財布はガマロのものを使うようになります。財布から小銭を取り出すのが難しくなるからです。ガマ口ではない財布ですと、中が暗くてよく見えず開きにくいので、10円玉なのか50円玉なのかもわからない。

若い人なら手で触るだけで何円玉かがわかることも多いのですが、触感が衰えた高齢者ですとそれは難しくなります。**65歳以上になると、手先の感覚は若い人の半分となり、また持つ力は30％減少します。**[4]

そのためレジで後ろの人を待たせて、小銭を取り出すのに時間がかかるので焦ります。後ろの人を待たせるのが嫌で札ばかり使うため、財布に小銭が大量にたまってしまっている高齢者も実際に多くいます。

小さいファスナーやボタンで開け閉めする財布は、特に使いにくいです。手を入れるスペースが小さいうえに、ファスナーやボタンもいじりにくいからです。中にお金がいくら入っているのかも、わかりにくいです。

そこで高齢者は、ガマ口といわれるパカッと開けられる小銭入れを使うことが多くなります。これを見て「年寄りは、今時の財布に興味がないんだな」と勘違いしている人がいますが、今時の財布が使いにくいだけです。

また、高齢者が財布を使いこなすのが困難であることを知っておくと、まごまごしている高齢者を見ても「何人も並んでいるんだから、早くしろよ！」とイライラしないで済みます。

「手元の感覚が弱いのか、大変だなあ」と、落ち着いた気持ちで見ることができます。

では、手元の感覚が弱くならないためにはどうすればいいのでしょうか？ **普段から細かいものを扱う練習をしておくことを勧めます。裁縫《さいほう》、編み物、プラモデル、盆栽などはオススメです。**

皮膚の湿度が下がることも触感を鈍らせる原因になるので、日頃からワセリンやハンドクリームを使うことも大切です。

混成の綿素材を選び、新品は一度洗濯してから着よう

年を重ねるにつれて、着られる服の素材は限られてきます。**化学繊維の服やウールのセーターは着にくくなります。皮膚が乾燥してしまうため、チクチクしてかゆくなるから**です。また、セーターを着る時は、冬場なので乾燥はさらに強いです。こういったことが、見た目が気に入ったとしても着てくれないことにつながるのです。

服の素材は、木綿などの柔らかいものにしたほうがいいです。フリースやサーモ肌着のような化学繊維の場合は、刺激が強いためかゆみを感じやすくなります。

服は「デザインより質」です。タグを見る習慣をつけておくと、ちょっとプロっぽい感じにも見えて格好いいかもしれませんよ。洋服を買う時、肌着を買う時、パジャマを買う時も、タグを見てできる限り木綿が含まれているものを選んだほうが効果的です。

さらに細かいことをいえば、綿１００％だと表面の凹凸の変動が大きく（１・５ミクロン）、ザラザラするという印象を受けます。一方で**綿以外も混ぜた混成ですと０・５～１・０ミクロンになるため、ザラつきは減ります。**一見すると綿１００％のほうがよさそうですが、混成のほうが肌ざわりはよいのです。「スーパーの袋を開けようとしたら、指先が乾燥して開けにくくなってきた」となったら、年齢による皮膚の乾燥を疑いましょう。

どうしても化学繊維やウールの服を着たい場合はどうすればいいかというと、**中に着るものを混成の綿など他の素材にして直接肌につかないようにする**ことです。

さらにいえば、**新品の服はすぐに使うのではなくて１回洗ってから使いましょう。**新品の状態ですとどうしても刺激が強くなるからです。

ありがちな間違いとしては、若くいてもらおうと、ボタンの小さい服や化学繊維の服を渡してしまうこと。高齢者は嫌がって着てくれません。
また、無気力だからといって話す気がないと思って話しかけなくなると、さらに状況は悪化して認知症は進んでしまいます。

認知症になっても笑顔を見る力はずっと残される!

着心地がよく着脱しやすい服を着てもらって会話をすることは、認知症の進行予防になります。また、できる限り笑顔を作るといいです。

確かに反応が薄い高齢者と話して、こちらだけが笑顔になったり感情を出したりすると、気分がなえたりバカバカしく思ったりしてしまうこともあるでしょう。でも、認知症になった時でも人は、相手の表情を読む力は衰えていくものの、**笑顔を見る力は最後まで残されるということがわかっている**[5]ので、作り笑いでも何でもよいので笑顔を振りまくことがコミュニケーションに効果的なのです。

高齢者自身が無関心にならないためには、社会活動に参加するというのも有効であることがわかっています。コミュニティセンターに誰かと話しに行くのもいいですし、講座を受けるのもオススメです。そこで、近所にどんな施設や講座があるのかを確認しておくといいでしょう。

素材の話に戻しますと、家事をする時は、素手で行うと水や洗剤が直接手についてて肌荒れを起こすので、ゴム手袋を使うべきです。とはいってても**ゴム自体も刺激が出てしまうので、木綿の手袋をつけてその上にゴム手袋をすると荒れにくい**です。

ワセリンを塗って、部屋を加湿し、爪を切るのがよい

75歳以上の半数以上が、かゆみを感じやすいことがわかっています。かゆみというのは、痛みの弱いものです。傷口が治りかけたかさぶたというのは、かゆいものですよね。それと同じような感じです。〝衣服による刺激〟という弱い刺激が伝わると、高齢者は痛みとはいわないまでもかゆみという刺激が伝わるのです。

なぜかゆみを感じやすいかというと、皮膚が乾燥しているからです。**高齢者の95％には、皮膚の乾燥があります。乾燥というと水分が減るイメージが強いですが、油分も減ってしまいます。**

だから女性は、クリームをつけて保湿をしているわけです。皮膚は、表面に水分と油分があ

ることで保湿をしています。水の上に油でフタをしているといえば、イメージしやすいでしょう。

女性にしてみれば「何を今更、当たり前なことを」と思うかもしれませんが、乾燥は女性だけでなくもちろん男性にも起こります。そして男性は、保湿のことなどほとんど知りません。旦那さんがポリポリと人前でかきむしるのは不快感が出るので、しっかりと教えてあげてください。

皮膚の保湿には、市販のワセリンがオススメです。ハンドクリームでも結構ですが、刺激の強いものは避けるようにしましょう。1日2回、朝起きた後と風呂あがりに使うのが効果的です。朝はつい忘れがちですので、風呂あがりの1回だけは欠かさないようにしましょう。

また、手を保湿しておけば、指をなめて本のページをめくったりスーパーの買い物袋を開けたりという、これまた周囲に不快感を与えるような行動も減ってきます。

部屋自体で湿度が保たれていることも、皮膚を保湿しやすくします。加湿器を使ったり、風呂あがりの体をふいて濡れたバスタオルを干したりしておくといいでしょう。また、適度な湿度は、ドライアイの防止にもつながります。ドライアイは頭痛や肩こりなど様々な不調の原因となるので、保湿はこれらの不調をまとめて防ぐことにもつながるのです。

爪を切ることも、かゆみを抑えます。一見関係なさそうですが、爪が長いと、かゆくて皮膚をかいた時に皮膚に傷ができやすくなります。結果として周囲からの刺激にもっと敏感になってしまって、さらにかゆみを感じてしまうことがあるのです。

風呂に入った時に、**ナイロン製のタオルでゴシゴシとこするのも避けたい**です。特に高齢の男性は、強くこすったほうが「洗った気がする」とおっしゃいます。でも、ナイロン製のタオルで強くこすってしまうと皮膚は弱くなり、もっとかゆくなってしまいます。「皮膚を鍛えている」「気合が必要」と思われているようなのですが、かゆみは気合でがまんできません。

光を防いで、ビタミンDを積極的に摂ろう

光によっても、皮膚は老化してさらに荒れやすくなります。「光老化」という現象なのですが、**湿度が保たれていても、光に当たることで皮膚が弱い刺激を伝えやすくなってしまって、かゆみを感じてしまうことがある**のです。[6]

そこで、光にあまり当たらないようにしましょう。肌の露出が多いとかゆみの刺激は強くなるので、**肌をあまり出さないようにする**のです。手袋は手にいいですし、帽子や日傘は頭のかゆみを防ぎます。

「真知子巻き」をするのもオススメです。『君の名は』という1953年に流行った映画で岸恵子さん演じる真知子という女性が、ストールを頭からかぶるように巻いていたのが由来で、同じようにストールを巻くのを真知子巻きといいます。『君の名は。』というアニメ映画のほうは最近放映されたので、こちらしか知らない人も多いかもしれませんが。

食事で気をつけることとしては、ビタミンDを積極的に摂取することです。

それから、ヨーグルトまたは牛乳に「ボラージオイル、カテキン、ビタミンE」を加えて摂ると、肌の機能が13・3%よくなります。[7]ボラージオイル（ボリジオイル）は聞き慣れないかもしれませんが、炎症を抑えてくれるオイルの一種です。しかし、手に入りにくく適切に使用しないとガンの原因になるともいわれているので、オリーブオイルで代用すればいいでしょう。**ヨーグルトまたは牛乳にオリーブオイルを1〜2滴、緑茶粉末を小さじ1杯（カテキンもビタミンEも含まれています）入れたものを、毎日摂る**だけです。マズイかと思われがちですが意外に美味しいのでぜひお試しください。

なぜ高齢の女性は、髪を青や紫に染めるのか？

ちなみに、オシャレの話でいえば、**髪の毛を青や紫に染めている高齢の女性**がいます。年を取りすぎて感覚がずれたのかな？と心配する方もいますが、そうではありません。

高齢になると白髪になります。白髪なのだから黒や茶色に染めればいいと思われがちですが、そう簡単なことではないのです。白髪はよくよく見ると黄色みがかかっています。そこに黒や茶色で染めてしまうと、あまりきれいな色にならないのです。

そのため**黄色の補色である青や系統の近い紫を入れることで、髪をきれいに見せるという効果を出している**のです。

「身なりに無頓着」の正体

認知症になると、季節感のない服装をすることがある

↓認知症の9割が、無関心・無気力状態になる

↓認知症になると、オシャレへの意欲が減るだけでなく、食事の量も減ってしまう

↓オシャレに関心のある高齢者は多く、6割以上。しかも、昔より増えている

↓皮膚の乾燥によりかゆみに敏感になるため、着る服を選んでしまう。高齢者の95%は皮膚が乾燥している

↓ボタンのサイズは若い頃の半分に感じてしまう

↓ダボっとした服装を選ぶのは、オムツのシルエットを目立たなくしたいからという可能性もある

↓開閉しやすく中が見やすいことから、ガマ口財布を好む

↓65歳以上になると、手元の感覚は若い人の半分となり、持つ力は30％減少する

↓青や紫の髪の高齢の女性は、美的センスがおかしいのではなく、髪をきれいに見せるためにそうしている

●周りの人がしがちな間違い

- 会計でモタモタしているからと、イライラしたりヤジを飛ばしたりする
- 若作りしてもらおうと、デザインだけで服を選んでしまい、素材や着脱のしやすさを無視する

●周りの人がすべき正しい行動

- 服のボタンは直径2センチ以上のものを選ぶ
- ファスナー式の服を選ぶ
- 特に選びたいのが、介護用衣料品
- 財布は、入り口が広くて開閉しやすいものを選ぶ。ガマ口財布がオススメ
- 会計が遅くても、手元が弱いことを理解して、温かく見守る
- 木綿製、それも混成の素材を選ぶとよい
- 衣服の素材として、化学繊維やウールは避ける
- 高齢者向けの衣服は、素材や着脱のしやすさを最優先。デザインは二の次と心得る
- 新品は一度洗濯してから着てもらう
- 化学繊維やウールの素材を着たければ、木綿製のものを下に着てもらう
- 着やすい服を着てもらって、笑顔を見せる
- 部屋の湿度を保っておく

自分がこうならないために

- 普段から細かい作業をする。裁縫、プラモデル、盆栽などがよい
- ワセリンかハンドクリームを塗って保湿する
- 社会活動に参加したり、誰かと話したりする
- 爪を切る
- 体を洗う際に、ナイロン製のタオルで強くこすらない
- 光が当たるのを避けるために、肌の露出は控える
- ビタミンDを摂取する
- ヨーグルトか牛乳に、オリーブオイルと緑茶粉末を混ぜたものを摂る

認知症のよくある困った行動【その10】

新しいものを頑なに拒否する

――プレゼントの定番「マッサージ機」や「食べ物」が危険である理由とは……？

Jさんの義理の母は、認知症気味です。最近は電話に出ても、受け答えがあいまいになってきました。ですからテレビで「オレオレ詐欺が今も流行っている」と聞いて心配になりました。そこで夫と相談して「高齢者に使いやすい録音できる固定電話」をプレゼントしました。

半年後、夫の実家を訪ねると、贈ったプレゼントは箱に入ったまま玄関の横に積まれています。電話機は相変わらず、昔ながらのダイヤル式の黒電話です。

Jさん「お義母さん、ちょっとこの電話機は失礼だったのかしら？　すいません」

義母「そんなことないわよ。まあ、前から使っているこれ（黒電話）がまだ壊れてないから」

Jさん「そうですか……」

義母は気を遣ってくれたのか、そうは言っていますが、実際には使う気はなさそうです。その後もいろいろと便利なグッズをプレゼントしたのですが、使ってくれる気配は一向にありません。

新しいものや環境が、脳の活性ではなく、認知症を招く!?

高齢者にプレゼントしても、使ってくれないことはよくあります。似合うと思ってせっかく買ってあげた洋服を着てくれない、便利な機能が満載の暖房器具を使ってくれないといった具合にです。記憶力低下をサポートするグッズ、火災を心配してのＩＨ調理器具も使ってくれません。

「年を取ると性格が悪くなるから、反抗しているのでは？」と思われがちですが、そんな単純に割り切れることではありません。

高齢者に受け入れてもらえない原因の一つに、認知症があります。認知症の人に新しいものや環境を提供すると、認知症がもっとひどくなってしまうことがあるのです。環境や状況の変化に、認知機能がついていけないことが原因の一つとなっています。

結果として、新しいものを拒む行動にも出てしまうのです。つまり拒むことが、認知症の進行を自衛している面もあるのです。

とはいっても、新しいことを始めるのは認知症にはいいのでは?と思うかもしれません。いいといえばいいのですが、許容範囲内でなければ負担になって認知症がひどくなってしまいます。運動も食事もしすぎがダメなのと一緒です。

転居を受け入れてくれないことも多いです。せっかく同居しようと提案したのに、その気持ちを最優先しないで、断ってくることがあります。そんな時にありがちな間違いは、強引に転居をさせて監視すること。急に新しい場所には、誰だって慣れません。まして高齢者だと住んでいた場所への愛着は強く、無理強いすると認知症が進んでしまいます。

なお、認知症になると41%の人に思考の柔軟性が低下するということがわかっています。[1)]ただし、認知症になると認知機能がいきなり全部衰えるのではなく、部分的に衰えていきます。

若い人の必需品「スマホ」が、なぜ高齢者には不便極まりないのか?

受け入れ拒否の原因には、認知機能以外のこともあります。

若い人には便利なものが、高齢者にも便利とは限らないことがあります。そうなった際に**特に原因となりやすいのは、視覚と触覚の問題**です。

スマホ（スマートフォン）はその典型です。若い人からすれば「いろいろ調べられて電話やメールもできて、しかも小さくて持ち運びしやすいのに、なんでこんなに便利なものを年配の人は使わないの？」と不思議に思うでしょう。

けれども高齢者にとって、スマホはまず画面の文字が小さすぎて、非常に読みにくいのです。実際に若い人ですらも、スマホは紙の本を読んでいる時に比べると、８センチほど近づけて眺めてしまうことがわかっています。

さらに、昔の携帯電話（ガラケー）の頃に出回った高齢者向け携帯電話機は、ノイズの処理機能が高いため、スマホよりも聞き取りやすいのです。また、年を重ねると指が乾燥してきて、指がスマホのタッチパネルに反応しにくくなります。スマホも高齢者向けは出ていますが、まだまだ機能としてはいまいちです。

つまり**「便利だ」というのは若い人だけからの視点で、高齢になると「不便な商品」**なのです。

それなのに、「高齢者に、無理に新しいものを使わせる」という間違いを犯す人が後を絶ちません。「新しいほうが安全だし便利だから」という一点張りで、強く勧めるのです。ＩＨコンロや暖房器具などがその典型です。
本人が嫌がっているのに無理やり使わせると、逆に今まで通りの生活ができなくなって認知症が進んでしまうのです。様子を見ながら徐々に導入していくしかありません。

オンラインゲームやiPadで楽しむ高齢者がいる

では**高齢者は、本当に新しいものに一切興味がないのでしょうか？　実は、そんなことはありません。高齢者には、ホームベーカリーやロボット掃除機、布団クリーナーが人気となっています。**自宅で焼き立てのパンを食べたいという気持ちは強いようです。また、掃除機を自分でかけるのは大変だなと感じる高齢者は、ロボット掃除機を積極的に使っています。年を取ると布団にいるちょっとしたダニでもかゆくなって眠りが悪くなるので、布団クリーナーも人気です。

また、**温水洗浄便座の普及率は、70歳以上が最多**で73・7％、30代で69・8％、29歳以下で45・1％であり、高齢者のほうが使っているのです。[2]

先ほどもお伝えしました通りスマホは不人気ですが、**タブレット端末は人気**です。画面が大きく、指でなくペンを使って操作もできるということで人気のようです。高齢者向けの通販番組を観るとわかるのですが、タブレット端末はよく紹介されています。

このように、**自分に合っているものであり興味や趣味に合致していれば、すんなり受け入れてくれる**のです。

ある高齢者は目がよくなった後、「オンラインゲームの『ファイナルファンタジー』ができるようになった」と嬉しそうに言いまして、私はすごくびっくりしました。はたまた、入院中にｉＰａｄを使って読書したりテレビを観たりしている高齢者もいます。私よりも、はるかに使いこなしています。当時は雑誌がたくさん読めるサービスが始まった頃で、「これでいろんな雑誌が見られるようになったけど、先生の記事とかもこれで見られるようになったんだよね？」と言われましたが、その時の私はそういったことはさっぱり知りませんでした。

マッサージ機で体調不良を訴える高齢者が続出

高齢者向けとなっている商品なら大丈夫と思う人も多いようですが、残念ながらそれは間違いです。高齢者が本当に使いやすいのか疑問が残る商品も、たくさんあるからです。

メーカーなど企業の開発者が若いこともありますし、年を取っていたとしても定年前なので、高齢者の状況をちゃんとわかる人が少ないのが原因です。高齢者向けとして開発されている固定電話でさえ、「説明書が読みにくい」「ボタンがわかりにくい」というクレームが報告されています。[3] 高齢者の気持ちは〝何となく〟わかっていても、「高齢者の体がどのくらい、どのように変化しているのか（本書で紹介しているようなこと）」については、どの企業もまだまだ疎いのが残念ながら現実のようです。

高齢者にプレゼントをする時の商品の選び方は、注意が必要です。

プレゼントといえば、肩こりや腰痛が辛いだろうとマッサージ機が選ばれることも多くなっています。敬老の日が近づくと、家電量販店で特設コーナーを作ってマッサージ機が並んでいることもあります。実はマッサージ機を安易に選んでしまうと、間違いになる可能性が高いです。

マッサージ機は使用にかなり注意が必要で、使い方を誤ったり体の状態をロクに知らないで使ったりすることで、体の調子をかえって悪くしてしまうことが多いからです。

実際にマッサージ機を使った高齢者の1割は、何らかの体調不良を訴えており、体調不良を感じた人のうち1割は骨折しています。死亡事故は過去に5件発生しています。厚生労働省が

2008年、2012年、2014年と3回、消費者庁も2012年、2014年と2回注意喚起《かんき》をしています。また、マッサージ機を使用してはいけない病気もあります。[4]

ですから個人的には、「これがほしい」と本人が言った時以外は、マッサージ機はオススメしません。むしろ子供の頃に作った肩もみチケットを作って、自分でマッサージしてあげるほうが喜ばれるでしょう。

手紙こそ、実は隠れたオススメのプレゼント

高齢になると、帽子をかぶる人が多くなります。でも、「帽子が好きなんだな」という単純な理由だけではないのです。

頭髪が薄くなってきて、それを隠すという意味もあります。さらには日光の刺激から、頭皮を守ってくれます。頭皮の乾燥を防ぐこともできます。

そのため、**通気性がよく、日光を遮る機能が十分にある帽子を使うのです。素材は、フェルト、コットン、麻がオススメ**です。ポリエステルにしたい場合は、ポリエステル単体だとかゆみが出やすいので、混成のものを選びましょう。

スリッパは転倒の原因になるので、避けたほうが無難です。

靴下は価格的に手が届きやすい商品ですが、靴下で滑ってしまうこともあるので要注意です。どの素材を選べば大丈夫というものでもないので、**転倒防止加工の靴下以外はやめたほうがいい**でしょう。

プレゼントにアロマグッズを贈るのは、認知症の予防や嗅覚の衰えを起こさせない意味で効果的です。[5] 認知症の予防に効果的なのは、ローズマリー・カンファーの香りだと結論づけている研究もあります。ただし、**火を使うタイプは火事の原因となるので避けましょう。**

本の場合は、文字が大きく読みやすいものがよいです。特に視力が悪い場合は大活字版という書籍があります。書店ではなかなか見ることがないですが、インターネットなどで購入することができます。実際この書籍も、大活字版を発売する予定です。

メガネケースやメガネチェーン、メガネ置き、座椅子などは、無難なプレゼントになります。

手紙も実は隠れたオススメです。文章が短くても下手でも、手紙は最も喜んでくれることが多いのです。ただし高齢者は字がしっかりと書かれていないと読みにくいので、インクがかすれていないペンを使って、白地の紙に黒の大きめの文字で書いたほうがいいです。

食べ物こそ要注意。怒らせてしまうことだってあるから

自分が高齢であることを受け入れている人の場合は、シルバーカーや転倒防止の靴下、歩きやすい靴というのは喜ばれます。ただ、自分が高齢者だと思っていない高齢者のほうが多数派です。

高齢者と同じ立場になって考えてみると、いきなりシルバーカーが贈られてきたら嫌味かと思ってしまうこともあるでしょう。年寄りだからこれは喜ぶはずと決めつけて贈るのではなく、本人も年を取ったことを自覚していて打ち解けている高齢者だけにしたほうがいいです。

私の義理の祖父は90歳を超えていますが、自転車でスイスイと移動していました。危ないなと思った義母は、後ろが２輪になっている３輪の自転車をプレゼントしたのです。すると「こんなものは、老人しか乗らない！」と怒って全く乗らなかったのです。90歳を超えても年を取っていると思っていない、こんな人が実際にはたくさんいるのです。

食べ物は、のどに詰まりやすい大きいものは避けましょう。

グレープフルーツも要注意。血圧の薬を飲んでいる人の場合は避けたほうがいいので、最初から贈らないほうが無難です。

お歳暮やお中元を一括で贈る時も、間違いを起こしがちです。糖尿病と知っている人に果物の缶詰やジュースなど甘いものを贈ってしまったり、痛風と知っている人にお酒（特にビール）を届けてしまったりすることもあります。これは、マナー違反です。ダイエットしている時に、友人がケーキを勧めてくるようなもので気分のよいものではありません。

「面倒だし、そこまで気にしていられない」。そういう気持ちもわかります。しかしある人は、糖尿病だと知っているはずの人から、お歳暮で甘いものが贈られてきました。「糖尿病で食事に気をつけているのを知っているはずなのに、自分の扱いはそんなものか……」と落胆していました。かなり悪くとらえると、「俺に、死んでほしいということなのか?」と勘ぐってさえしてしまいます。

ですから面倒でも、**病気を知っている人に限っては商品を変えないと失礼にあたります。**ただし、私の父のように「痛風だ」とみんなに言っているにもかかわらず、酒が好きで普段から人前で飲んでいる人がいます。こういう人に限っては贈ったらむしろ喜ばれますが……、例外中の例外です。

以上で見てきたように、商品選びは結構面倒かもしれません。こうなってしまうのは、高齢者に配慮しているようで本当に配慮しきれているお店がほとんどないからだと思います。

正直言うと私の目からは**「『ご高齢の方にオススメです』ととりあえず言っておけば、売れるだろう」という程度で、心底から高齢者のことを考えているお店が少なく見えます。**今後、きちんと配慮した商品を取り扱っているデパートやスーパー、インターネットショップが出てくるまでは自分で注意するしかないのです。

旅行や読書が、新しいものや環境への順応性を高くする

先ほども転居の話で少し触れましたが、新しいものだけではなく新しい場に慣れるというのも、高齢者にはとても難しいことです。

入院だってそうです。これまで自宅で普通に暮らしていた人が、**入院を機に認知症が進んでしまうということも実際に起きています。**記憶力が急に衰えたりするわけではありませんが、突然違う環境になることから「トイレの場所がわからない」「食事をどうしていいかわからない」など**「わからないこと尽くめ」になってしまい、**自分で何かを行えなくなって混乱してし

まうことがあるからです。ですから、入院した患者さんの認知機能が悪くなってくると、なるべく早く退院させるように工夫をしたり、普段の生活に近いように布団を敷いて寝てもらったりすることがあります。

ですから転居の場合は、急に息子夫婦と同居するという選択肢は取らずに、「冬の間だけ息子夫婦の所にお世話になる」というようにして、**次第に慣れていくというようにする**人も多いです。

家が変わるというのは環境が一変することなので、いきなり行うと脳に負担がかかって認知症が進行することがあります。

でも、認知症が進んできているからということでむしろ、急に同居させる人もいます。その気持ちもわかるのですが、少しずつゆっくりと同居を始めるのが、認知機能を保つコツです。

総じて、新しいものや環境に上手に対応するためには手順があります。**新しいものや環境に急に慣れようとするから問題**なのです。

日々新しい物事に触れる経験をしておくことは、新しい物事へのストレスを減らします。**旅行をして知らない場所に行く経験をすることは、新しいものや環境への抵抗感を減らします。**旅行によって、転居や入院への耐性も強くなります。

もっと手軽な方法としては、読書がオススメです。多くの本に触れることで、知らない知識をどんどん吸収したり、知らない世界を疑似体験することも有効だからです。

「新しいものや環境への頑なな拒否」の正体

↓**認知症の人に新しいものや環境を提供すると、認知症が進行することがある**

↓**高齢者の受け入れ拒否に大きくかかわるのは、視覚と触覚の問題**

↓**若い人が重宝しても、高齢者に受け入れられない商品もある。**

スマホはその典型

↓自分に合っていて、興味や趣味を満たすものであれば、高齢者でも新しいものを受け入れる

↓ホームベーカリー、ロボット掃除機、布団クリーナー、タブレット端末は高齢者に人気の商品

↓温水洗浄便座は、高齢者が一番使っている

↓高齢者向け商品の多くが、高齢者にとって使いにくい

↓マッサージ機をプレゼントにするのは、リスクが伴う

↓マッサージ機を使った高齢者の1割が体調不良を訴え、さらにその1割が骨折している

↓シルバーカーなど明らかに高齢者向けの商品をもらって、怒ってしまう人もいる

↓糖尿病なのに甘いものが、痛風なのに酒が届く、ということも実際に起きている

↓入院を境に、認知症が進行することがある

●周りの人がしがちな間違い

・「老人は新しいものがとにかく嫌い」だと決めつける
・ほしがってもいないのに、無理やりプレゼントする
・無理に同居を勧める
・高齢者向けの商品ということだけで、安心してしまう
・マッサージ機をとりあえず渡してしまう

・スリッパや靴下を何も考えずにプレゼントする
・年寄りには実用的だということで、相手の性格を知らないでシルバーカーを贈ってしまう
・のどに詰まりやすい食べ物、グレープフルーツを届ける
・相手の病状を知らずに、缶詰やジュースなど甘いものや、酒を配送する
・全員に同じギフトを贈ってしまう

周りの人がすべき正しい行動

・新しくても、高齢者が喜ぶ商品もあることを意識する
・帽子は通気性がよく、日光の遮断能力が高く、肌に優しい素材を選ぶ
・認知症予防や嗅覚の低下防止のために、アロマを贈る。ただし、火を使わないタイプで
・字が大きい本をプレゼント
・メガネ関連商品、座椅子を贈る
・心を込めて書いた手紙を渡す
・病気の人には、その人に合ったプレゼントを選ぶ
・転居をしてもらう場合は、最初は小旅行がてら来てもらうなどして、徐々に環境に慣れて

もらう

- 新しいものをプレゼントする際は、いっぺんにではなく、少しずつ渡す

●自分がこうならないために

- 時々旅行をする
- 読書をする

第3章

多くの人を巻き込む大惨事にもなりかねない危険極まりない問題行動

認知症のよくある困った行動【その11】

道路に急に飛び出してくる

——慣れない道よりも近所が、運転中よりも歩行中のほうが実は危ない

義理の父は優しくて、義理の母の買い物も手伝って荷物を持ってあげています。そんな義父に対してKさんは、ウチの父も見習ってもらいたいぐらいだと思っています。その日は、義母がすき焼きを作るつもりで料理をしていました。

義母「あ、卵買い忘れちゃった」
義父「そうか。なら買ってこようか」
義母「いいわよ。卵なしで食べましょう。……うーんでもね、やっぱり買ってきてくれる?」
義父「わかった。6個入りでいいよな。普通の白いほうでいいだろ?」
義母「お願いね」

スーパーは歩いて300メートルほどで、とっても近いです。時間は18時と夕方、まだ暗く

もなっていないし、義父に任せていいかと思っていました。すると、義母「あ、白滝《しらたき》もないわ。Kちゃん、申し訳ないけど、白滝買うようにお父さんに言ってもらえる？」
Kさん「お義父さん、携帯持ってらっしゃいましたっけ？」
義母「あー、たぶん家に置いちゃってるかも」
ってことは、私にスーパーに行けってことですよね。ということで歩き始めると、キキキッという音とともにゴムが焦《こ》げたような嫌なニオイがしました。そこを見ると義父が車道で車にひかれそうになり、何とか車が目の前で止まっていたのです。驚いて卵は落としてしまったようで、中味が飛び出しています。
Kさん「お義父さん！　大丈夫ですか……？」
義父「ああ、ぶつからなくて済んだよ」

認知症の場合、車への恐怖がなく、横断歩道を渡る概念もない

車を運転していると、突然飛び出してくる高齢者がいます。高齢者の交通事故が多いというのは、ニュースでもよく目にします。実際に高齢者の交通事故は増加しています。ただ高齢者

の場合、ケガで終わる事故ではなくて、**死亡事故が多い**というのが特徴です。それと、**高齢者は歩行中に事故に遭うことが多くなっています。**平成27年の事故死亡者4117人のうち、歩行中の死亡者が1534人と最も多く、その中では65歳以上が1070人と69・8％を占めました。1）高齢者の交通事故というと、自分で運転をしていて逆走をしたりアクセルとブレーキを間違えたりといったイメージが強いかもしれませんが、実際は歩行中のほうがはるかに多いのです。

ではなぜ高齢者は、横断歩道ではない所から突然飛び出してくることがあるのでしょうか？　**原因としては、認知症と老化による体の変化があります。**

認知症による飛び出しの場合は、車が来ていることは見えているけれども、**脳では「車が来るから危ない」と認識できずにそのまま歩き続けてしまいます。「横断歩道を歩かねば」という意識がなく、車道に飛び出してくることもあるのです。**

確かに危ないのですが、かといって**一切歩かせないようにするのは間違っています。**重度の認知症ならそれも仕方がないのですが、軽度の認知症でしたら行動範囲が狭まるため、**認知症**

の進行を招くからです。

認知症ではない場合も、老化による体の変化で事故は起きやすくなります。「車のほうが、勝手によけたり止まってくれる」と思い込んでいる自己中の性格である人も、いなくはないですが……少数派ですし、若い人だってそういう考えの人はいます。

それよりも、**目に主な原因があるのです。**後で詳しく解説しますが、**少しでも暗くなってくると見る力が落ちること、距離感を把握する精度が落ちること**などです。

夕方18時は事故率が非常に高し

時刻としては夕方、だいたい18時頃に事故が多いです。

通勤通学の帰宅時間となるため、交通量が多いということもあります。通勤通学での交通量の多さで考えれば朝と夕方になりますから、若年者は朝と夕方に事故が多いのですが、高齢者は夕方に集中しているのです。認知症が夕方に発症しやすいとか、夕方になると性格が変わるということではありません。体の老化によって起こることなのです。**高齢者と若い人では、目の様子がだいぶ違い**、それが夕方に集中することが原因となっています。

図8　若年者と高齢者の距離感の誤差

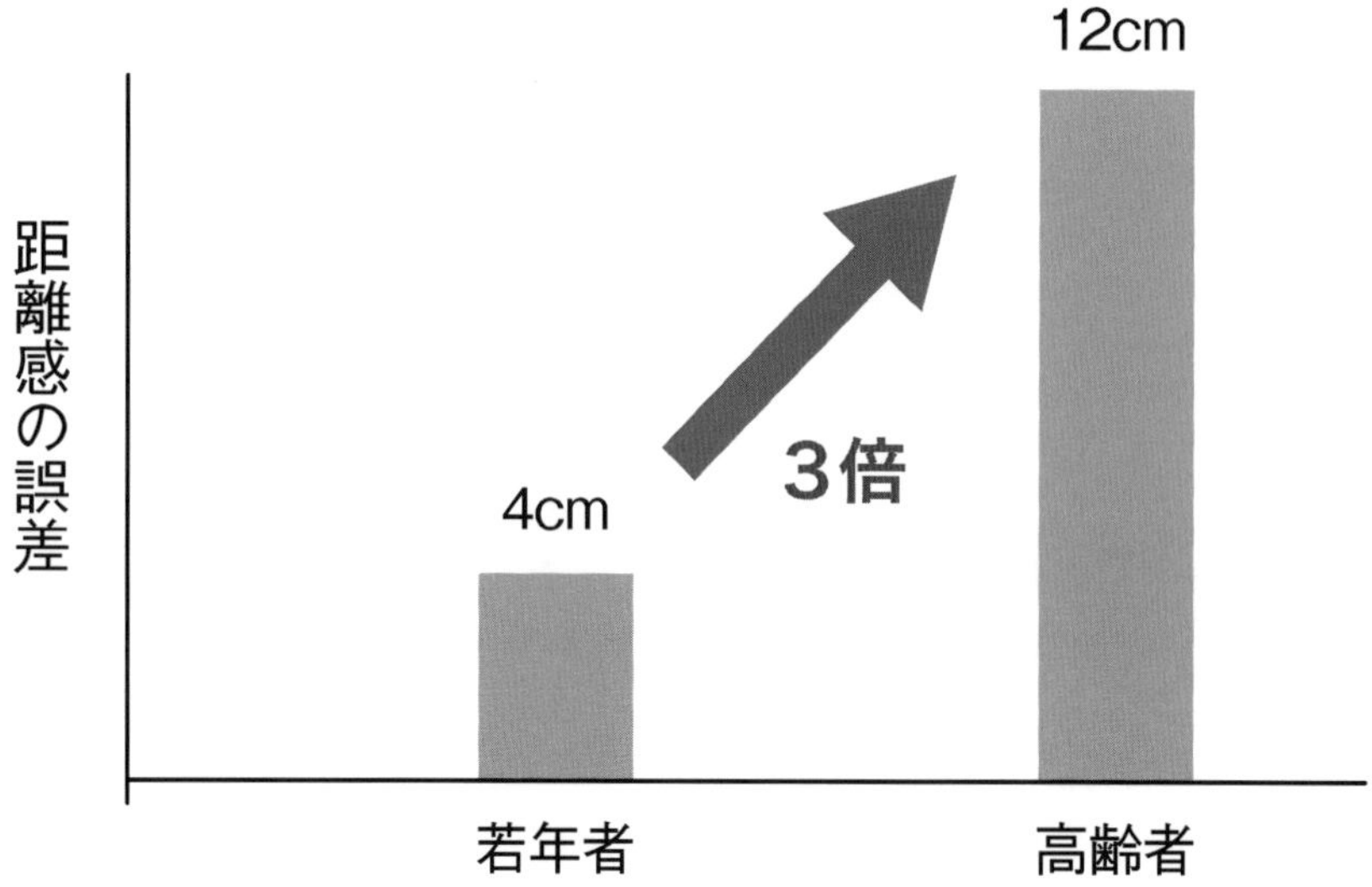

人間の目は暗い場所ですと、瞳孔が開いてなるべく光を取り込むようにします。逆に明るいと、瞳孔が閉じて光の取り込みを減らします。このように、明暗に自動的に合わせてくれる目の機能が、年を取ると弱くなり、**夕方でも暗く感じる**のです。瞳孔の面積は20代ですと15・9㎟程度ですが、70代になると約6・1㎟と半分以下になります。[2] 若い人は、夕方でも高齢者の2倍以上の光が入ってくるので「まだ明るいな」と感じますが、高齢者は「暗いな」と感じてしまうのです。

高齢になると、距離感も落ちてしまいます。[3]

10メートル先の幅を見て、自分が通れるかどうかを判断してもらうという実験がありました。実際に通れる幅との差を見てみると、若い人はわずか4センチしか差がなかったのに、高齢者では３倍の12センチの差になりました。高齢者のほうが、距離感が若い人の３倍も見積もりが甘くなるのです。

距離感は、視力がよくても両目のバランスがうまく取れないとわからないものです。近くにいるのに遠くに感じたりしてしまいます。

さらには、**年を重ねるとスピードの見積もりも甘くなります。**距離よりスピードのほうが見積もりにくくなります。

それから、**高齢者の死亡事故の現場は、自宅から半径５００メートルの範囲内となる生活圏が最も多く、**死亡事故全体の30％を占めています。よく、「慣れない道は危ない」と言いますが、慣れている道のほうが事故が多いのです。よく使うだけではなく慣れている場所だから「大丈夫だろう」と安易に信号を無視したり、横断歩道がない所を平気で渡ろうとしたりするのも原因です。

運転手に落ち度がなくても、事故は起きます

一番多いケースを見てみましょう。

まずは自分が、年を取っていないサラリーマンで、仕事帰りに車で運転して家に帰っているとします。

時刻は18時、まだ暗くないので安心して運転できます。ライトをつけている車もあまりないぐらい、日は落ちていません。自分もライトはつけずに運転をしています。なぜならば、平日は毎日のように通る道なので、運転も慣れているからです。しかも、くねくねと曲がったりもなく、真っすぐな道なので安心です。

法定速度30キロのところを50キロで走っていますが、周りの車も同じスピードですから、いたって普通の運転だと思っています。

「さて、家に帰ったら何を食べようかな?」と考えています。「昨日は晩御飯が餃子だったから、今日は中華はやめたいな。あ、そうだ。冷蔵庫にベーコンとピーマンがあるから、ナポリタンスパゲティなんかいいかも」。反対車線側の歩道で、おじいさんが歩道を歩いていますが、しょっちゅう見かけるような光景なので特に気にもなりません。

すると突然、そのおじいさんが飛び出してきたので、急ブレーキを踏みました。ガタンガタンと強い振動が伝わってきて、「ドンッ」という鈍い音がしました。「まずい、ひいた……⁉」と思ってドキドキします。慌てて車を降りると、うずくまるおじいさんから血が垂れています。

生きているんでしょうか？　無事でしょうか？？　これからどうなってしまうのでしょうか？？？

これが最も多いケースです。**「気をつけていなかった」ということではない**のです。運転者の目線で見ると、確かに法定速度以上ではありますが、ほとんどの道路は法定速度を守っている車のほうが少数派です。まして、運転にミスはないです。わき見をしていたわけでもない。でも、高齢者が突然飛び出してきたため、このような惨事になってしまったのです。

高齢者の目線で見てみましょう。いつも行くスーパーと自宅を結ぶ、歩き慣れた道を通っています。ぶり大根を作ろうと、つい先ほど、大根とぶりを買いました。今日は「ポイント５倍デー」で、牛乳も切らしそうなので、たくさん買い物をしました。「あれ、そういやみりんはあったかな？　ま、大丈夫かな」。そう思いながら道を歩いています。

横断歩道は１００メートル先にあるのですがそこまで行くのは面倒なので、いつものようにここで道を渡ります。車も少ないです。１台来ているみたいだけど、まだ離れているしゆっくり走っているから大丈夫でしょう。そう思って車道を渡ります。とはいえ、ひかれないようになるべく速く渡ります。

しかし、車は突然スピードを出したかのように迫ってきました。とっさによけましたが、ちょうど腰のあたりにバンパーが当たります。痛いと思う間もありません。しかし景色はゆっくりと走馬燈《そうまとう》のように動いています。力が次第に抜けていき、意識がなくなってしまいました。

以上から、高齢者ならではの目の状態により、交通事故は「夕暮れの18時」「自宅から半径500メートル以内」「横断歩道がない所」「直線道路」で起きやすくなるのです。[4]

ですから、**やってはいけない間違いとして、家族が「暗くなる前にお買い物をしてきて」と夕方に、高齢者に近所のスーパーへ買い物に行ってもらうこと**です。

若い人のほうが高齢者をひいてしまう、くらいの心構えで

高齢者をひいてしまわないように、気をつけることはないでしょうか? まずすべての人に起こる老化の場合は、「夕方は、高齢者とそうではない人とでは、見え方は違う。だから**「高齢者は、若い人とはだいぶ違う危ない動きをする」という事実を知っておいて、スピードを落とす必要があります。**

図9　高齢歩行者の道路横断直前の行動

注）中央線はわかりやすく表示しているため、寸法や縮尺は考慮していない

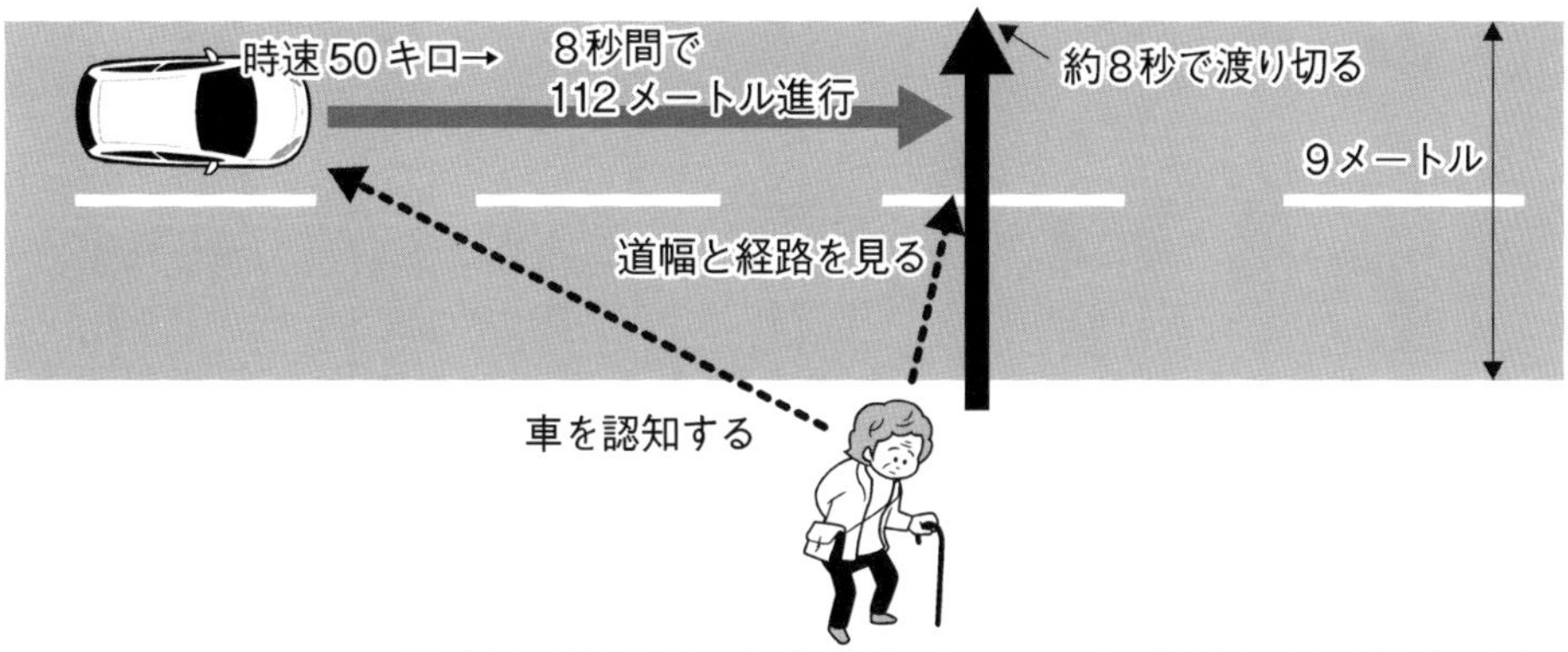

高齢者の平均歩行速度:約秒速1.27メートル（加齢でさらに遅くなる）

さらに、**日中で晴れている時以外はライトをつけるようにもしたほうがいい**でしょう。若ければ、夕焼けの明かりだけでライトをつけていない車は見えるかもしれませんが、高齢者は見えないのです。ライトをつけて、自分の車の存在をアピールしましょう。

認知症や自分勝手な性格による飛び出しは、いつ飛び出すかの察知は困難です。しかしそれでも、ライトをつけていれば気づいてもらえる可能性は高まります。

高齢者の目は、気づかぬうちにかなり衰えてしまうもの

自分の家族が高齢者の場合は、どうやって事故を防げばいいでしょうか？

認知症を発症している場合は、通っている道を一緒に確認してみてください。危ない場所があれば、違う

道に変えることも検討しましょう。また、高齢者が周囲をちゃんと見えているのかもチェックしてください。

また、高齢者の存在をアピールするために、**反射板のついた靴や服を身に着けるのもよい方法**です。そこまでするのに抵抗がある場合は、反射板をカバンにつけるだけでもいいでしょう。ただ何よりも、暗くなる前に外出を終えてしまうほうが無難です。それと、できる範囲で普段から家族が付き添えれば安全性はかなり高まります。

視力を確認してみるのも必要です。免許を持っていれば定期的に視力検査がありますが、そうでなければ眼科や眼鏡店に行かない限り視力検査をする機会はそんなにありませんから、**実は目が悪くなっているのに気づかなかったということがあります。**

高齢者の33・5%が、視力が0・5以下であったというデータもあります。[5]視力が0・5以下でも、テレビを観たり食事をしたりなどの日常生活には支障をきたさないことも多いため、本人も周囲も視力低下になかなか気づかないのです。

年を取っても目をよくすることはできる！

まだ認知症となっていない場合は、**予防法として目の訓練があります。**もちろん若い人でも、自分が高齢になって事故に遭わないためにも、ぜひ取り組んでいただきたい訓練です。

自分の距離感が合っているのかを確認する方法として、大型免許を取得する時の**「三桿法《さんかんほう》」**という方法を使います。２本の棒を置いて、その間に１本の棒を置きます。真ん中の棒を移動させて、２本の棒の間のちょうど真ん中に来た時にボタンを押すという検査です。インターネットの動画にもありますので、パソコンが自分ではわからなくても家族が使えるという場合は、一度体験してみてはいかがでしょうか。何度か繰り返すと、上達していきます。

つまり**距離感は、慣れが重要**なのです。そこで普段の生活の中で、**次の電柱までは何歩ぐらいかな？と予測してから歩いてみるといい**です。「20歩かと思っていたら、実際は30歩以上かかった」ということを繰り返していくうちに、歩数が予測値と実測値とで差が減ってきます。ゴルフをする人は、歩いて距離を見る「歩測《ほそく》」をさらにしてみるのもいいと思います。

食事でも、目の衰えを予防できます。**ルテインの摂取が大切**です。ルテインとは目に大切な栄養素で、特に白内障の予防にも有効です。

具体的には、1日に10㎎のルテインを摂ればいいのです。ルテインは、ほうれん草に多く含まれています。**ほうれん草を2株程度でいいので食べることで、予防になります。**

白内障の予防法としては、**昼間にサングラスをかけて目に紫外線をあまり入れないようにすることです。**紫外線をいっぱい浴びた人のほうが、白内障になりやすく夕方に見にくくなります。

以上より、高齢者と若い人とでは目の状態がかなり違います。ですから、視力が良好だからと、安心してもいけません。

「私は1・0見えるし、目には自信がある」。そう思うかもしれませんが、**若い人の1・0と高齢者の1・0は同じようでいて、全然違う**のです。

「道路への急な飛び出し」の正体

↓高齢者の交通事故は、自分で運転中よりも歩行中のほうが

多い

↓認知症になると、車が迫っていることへの危機感や、横断歩道を歩かねばという意識が衰退することがある

↓少しでも日が落ちてくると、暗くて見にくくなる

↓夕方18時頃に事故は多い

↓自宅から半径５００メートル以内の生活圏こそ、事故が発生する

↓慣れた道だからこそ、安心できない

↓距離感、スピードの見積もりの精度が甘くなる

↓車の運転手が不注意ではなくても、事故は十分に起きる

↓視力検査をずっとしていなかったということも多い

↓視力が1・0あっても、視力1・0の若い人とは目の状況がだいぶ違っている

●周りの人がしがちな間違い

・認知症が重度でもないのに、危ないからと、外に一切出させないようにする
・夕方に出かけさせる

●周りの人がすべき正しい行動

・若い人と高齢者では、見え方が相当違うと心得る
・車を運転する際は、少しでも暗くなってきたらライトをつける
・高齢者は予測できない動きをする、と思っておく
・反射板を身に着けさせる

自分がこうならないために

- 視力検査を定期的に行う
- 距離感を正確につかむ訓練をする。三桿法や歩数の確認がオススメ
- ルテインを摂取するために、ほうれん草などをよく食べる
- 日光が強い時は、サングラスをかけて紫外線を防止
- 買い物は明るい日中に済ませる

車を運転して交通事故を起こす

――信号無視が多く、交差点での右折が苦手なのには、ワケがあった

Lさんは70代の男性です。車の運転は昔から好きで、セダンタイプの車に乗っています。洗車を自分でして、ボディーをピカピカに磨いて、ワックスもかけてと車を丁寧に扱っています。運転はずっと、無事故無違反です。

ある日、買い物に出かけて車を停めたところ、左の後ろをこすってしまいました。幸い壁にこすっただけで済み、人間がいなかったのでホッと胸をなでおろしました。「前日はずっとゴルフをしてたから、疲れてたのかな」とくらいに思っていました。

その2か月後、妻を乗せて買い物に行きました。すると「何してるの!?」と妻が大声を上げたのです。「びっくりさせるな。運転中だぞ!」と言うと、「今、赤信号無視したでしょ?」と言うのです。Lさんは「そんなことしてない。うるさいな」と言って、運転に集中しました。

さらに2か月が経ち、交差点で右折をした時のことです。対向車の数が多く、なかなか右折ができません。何とか対向車が途切れたのを見計らって右折をすると、目の前に40代ぐらいのまだ健康そうな女性が見えました。焦ってブレーキを踏んで、何とかひかずに済みました。女性はびっくりしています。Lさんは窓を開けて「すいません！」と謝り、その場を去りました。

交通事故のほとんどは年寄りが起こしている。それは間違ってます

高齢者による交通事故は、よくニュースで流れます。「高速道路の逆走」「ブレーキとアクセルを踏み間違えて人をひき、店につっこむ」など、多くの人を巻き込むような大事故がニュースでは流れます。そのため、高齢者、それも認知症になっている人による交通事故ばかりが起きていて、世の中は大変なことになっていると思っていないでしょうか？

でもそれは違います。運転免許取得者1人あたりの事故件数を見ると、**80歳以上の高齢者が事故を起こす確率は20代前半とほぼ同じぐらい、10代では80歳以上の人の2倍近く事故を起こしている**1）のです。

ですから、あまり高齢者ばかりを責め立てるのはよくないと思います。しかも、死亡事故を起こした高齢者の認知機能をチェックしてみると、**認知症の可能性が高いとされている人は**

図10　年齢ごとの事故当事者率

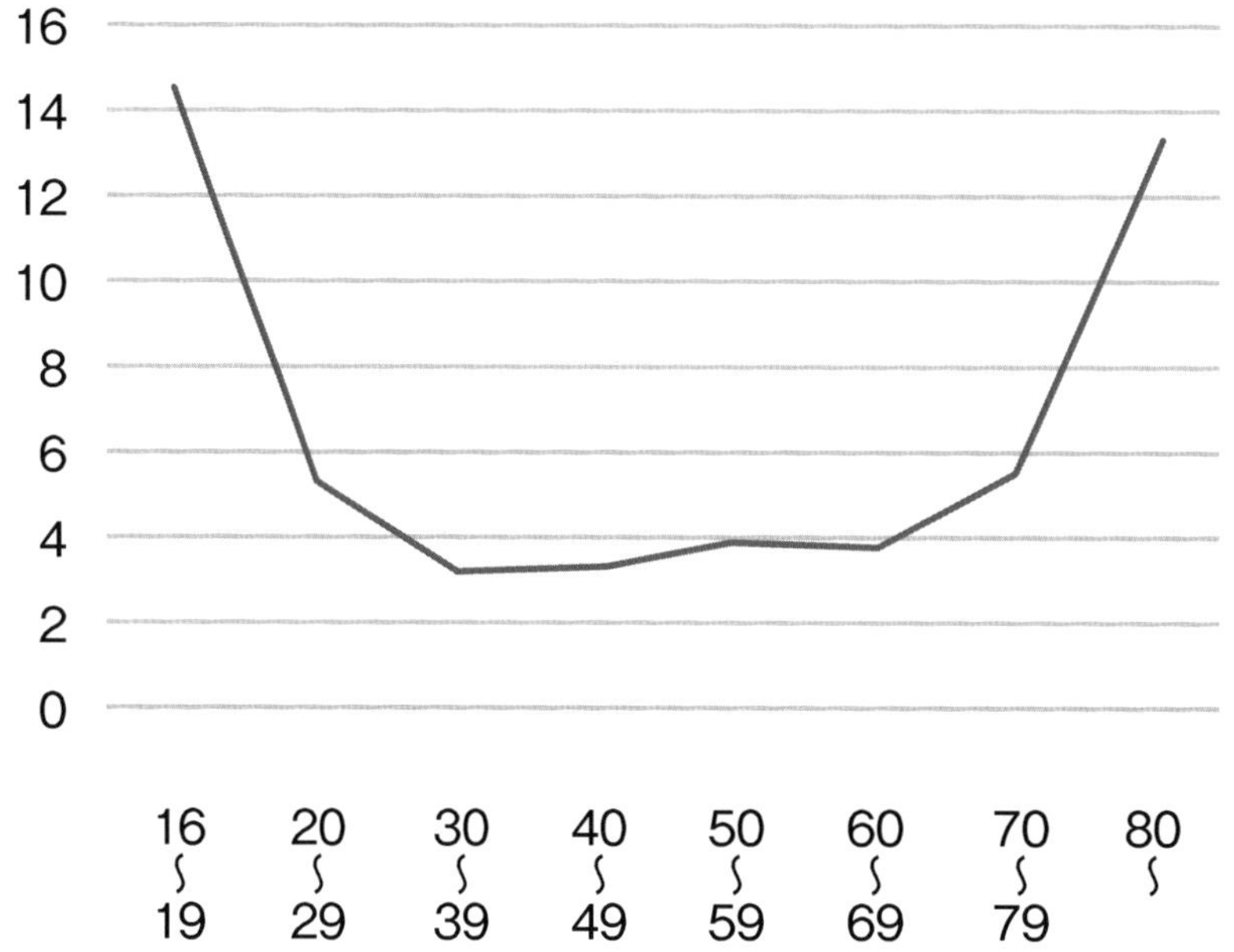

「内閣府の平成28年版交通安全白書」より

8%。[2] 認知症の占める割合は、予想したほど多くはないと思った人も多いはずです。

運転しなくなると、認知症にかかりやすくなる

年を取ると事故を起こしやすいからと、早いうちから運転をやめさせる。実はこれ、ついやってしまいがちな間違いです。「お父さんは年だから」と、無理やり免許を取り上げて運転させないようにする、なんて人もいるくらいです。もちろん認知症であれば現在は法律的に運転ができませんから止めるべきですが、「年寄りには絶対に運転をさせない」というのは

大間違いです。

確かに運転しなければ、自分の運転で事故を起こす確率は０％になりますから、その点は安心です。しかし、まだ認知症にもなっていなく、しっかりとしている高齢者の運転をやめさせるのは、弊害があります。というのも、**運転をやめてしまった人は続けている人に比べて、認知症になりやすい**[2]**ことがわかっている**からです。

もちろん、危ない運転をする高齢者に運転をさせようと推奨しているのではありません。年齢という区切りだけで、運転を阻止するのが問題であるということです。

高齢者や認知症の人が事故を起こしやすくなる理由として、体のすべての機能が衰えるからだと思っている人も多いようです。でも実際は、**体の全部というよりも視機能・認知機能が大きく関係する**[3]ことがわかっています。手や足の反応も鈍るのでは？と思うかもしれません。けれども実際は、手足の反応はさほど悪くないのです。

眼科ですと、見えているかどうかを、ボタンを押してもらうことで調べる検査があります。高齢になると見えにくくなるのですが、見えている時のボタンを押す反応はさほど遅くなりません。

そして、視覚と認知機能はお互いに影響を及ぼします。**認知機能が衰えると視覚が衰えますし、視覚が衰えると認知機能が衰えます。**

視力よりも有効視野のほうが、はるかに事故に影響する

視覚といえば、現在の日本の法律では免許を取得するには両眼で0・7以上の視力が必要となり、視力検査を受けることが義務付けられています。ですから、0・7以上あれば十分見えているから視覚は問題なさそうに思えます。でも、**視力と交通事故の関連性はないことがわかっている**[4]のです。

例えばEU圏では、免許に必要な視力は0・5です。その他の国でも、視力の基準はバラバラです。だからといって0・7よりも低ければ、日本よりも交通事故がかなり多くなるというわけでもありません。むしろ日本よりも、ドイツやイギリスのほうが交通事故による死者数は少なくなります（走行キロ当たりの死者数で換算）。

では、視覚では何が問題となるのでしょうか？　**視力よりも「有効視野」という指標が重要**であることがわかっています。

私も一時期、この有効視野を調べていました。すると有効視野は重要であるのに、あまり調べられていないということに驚きました。実際にドライビングシュミレーターという車の運転をしているような設備で運転をしてもらうと、視力よりもはるかに有効視野が事故に影響したのです。

認知機能よりも有効視野のほうが、事故防止に関係する

視野には大きく分けて三つあります。

まずは、普通の「視野」。人間は１８０～２００度程度の広がりまで見えるといわれています。ただし、何となくものが見えるという範囲であり、何があるのかまでは詳しく把握できません。

次に「有効視野」。20度程度の広がりまであります。この範囲では、何があるのかが何となくわかるというレベルです。飛び出してきたのが動物なのかボールなのかゴミ袋なのかを察知できるのは、この有効視野に入っている場合です。ただ、文字の判別のような細かいことは難しくなります。

最後に「中心視野」。本を読んだり何かを組み立てたりなど、かなり詳細に判別できる範囲

です。２度程度の広がりしかありません。

以上から、２００度が何となく見えて、20度でざっくり把握できて、２度で詳細に把握できる、というのが人間の目の構造です。

本を30センチ離して読んでいると、上下左右1センチ程度の範囲しかしっかりと判別できません。本書でいうと横に2行・縦に3文字程度が、文字がしっかりと判別できる範囲です。さらに、上下左右10センチ程度、本書でいうと1ページの全部の行と上下の3分の2程度は、何か文字が書いてあるということがわかります。本の外側は何となく見えている範囲となり、何か大きな動きがあればそれを察知できるというレベルになります。

有効視野は、認知機能が衰えると狭くなる[5]ことがわかっています。認知機能の検査にはＭＭＳＥなど、多くの有名な方法があります。

また、認知機能の検査と有効視野のどちらが、交通事故の発生を予測するのに役立つかという研究がありますが、有効視野のほうが効果的であることがわかっています。なぜならば有効視野は「認知機能＋視機能」を表しているからです。**有効視野は「疲労している時」「眠い時」「お酒を飲んでいる時」なども狭くなります。**いずれも事故を起こしやすい時となるので、要注意です。

有効視野は、確認すべきものが増えると狭くなるという特徴が

年を取って起こす交通事故は、「前の車に直進してぶつかる」よりは**「信号無視」「交差点での事故」が多くなります。**これも、有効視野が狭くなることで起きてきます。

信号無視というのは、赤信号に気づかずに通りすぎてしまい、人をひいたり車と接触したりすることです。ただし、信号を無視して早く渡ってしまおうという気持ちで起こるのではなくて、**信号に気づかないで無視してしまう**のです。

信号は上のほうにあります。**有効視野の範囲は実は、上下左右同じ広がりではなく、上が少し狭くなっています。**理由としては、瞼《まぶた》が下がってくるからです。特に高齢になると、眼瞼下垂《がんけんかすい》といって瞼が下がってくる症状にかかりやすくなります。結果として信号があることに気づかないから、無視をしてしまい事故になるのです。

交差点ではどうなのでしょうか？　有効視野が20度ということならば、対向車や横断中の人

などは、その範囲に収まって見えそうです。

しかし、**有効視野には特徴があります。「込み入った状況になると、狭くなる」という特徴です。**交差点では、「信号の切り替わり」「歩行者」「対向車」など注意点が増えてしまうため、有効視野が狭くなってしまうのです。そんな時に、「歩行者を気にしていたら、対向車が来て衝突した」「対向車に注意していたら、歩行者にぶつかった」ということが起きやすくなります。一方で、元々の有効視野が狭い人は、交差点で有効視野が多少狭くなっても、普段との有効視野の変化が小さいため、問題なく歩行者や対向車に気を配れてしまいます。

ですから、**やたらと遠くまで車を運転するのも避けたほうがいい**です。なじみの薄い場所ですと、判断しなければいけない情報が多くなって有効視野が狭くなってしまうからです。遠くに行くとしても、食材の買い物、通院などどうしても必要な用事だけに限定したほうがいいでしょう。

有効視野は、スポーツや本を使って広げることができる

有効視野は、一つのことに熱中して他を顧みないという没頭している状態だと狭くなり、冷静になっている時には広くなるという特徴があります。スポーツの世界では「ゾーン」と呼ば

れる究極の集中状態が話題になることがありますが、実際にゾーンに入ると周囲がよく見えて好プレーにつながりやすくなるそうです。

医者も、手術の時にゾーンのようなものを感じます。新人の頃は必死に手術をするので、没頭しすぎて周りで起きた想定外の変化に気づくのが難しいのです。次第に手術も慣れてきてだいぶ集中できるようになり、周りの不測の事態にも対応できるようになってきます。

このように、**有効視野は広げることができる**のです。

簡単な方法としては、スポーツをすることです。テニス、ゴルフ、野球、サッカーなどいずれも集中しないといい結果が出ませんから、集中力を鍛えることができます。

スポーツまでしなくても、**家の中でできるもっと手軽な方法もあります。**どのようにするかというと、まずは本を真っすぐ見てください。最初は正面に書いてある文字がはっきり見えていて、それ以外の文字はよくわからないでしょう。次に意識をその周辺にもっていくために、本全体をボーッと眺めるようにします。なるべく集中して没頭しないようにすれば、見える範囲がジワジワと広がっていくはずです。

ブルーライトカットや遮光のメガネも、高齢者の必須アイテム

それから、**高齢者はまぶしさもとても苦手**です。高齢者は若い人よりも光を感じにくくなっているのですが、まぶしさは感じやすいのです。ですから、**対向車のライトが当たると非常に見にくくなり、事故の元になります。**

まぶしさが苦手になる原因としては、一つには「順応」といって光に慣れる速度が遅くなることが挙げられます。トンネルから出て明るい所に行った時に、目が慣れるまで時間がかかるというのと同じです。そのようなことがトンネルの出入り口ではないような場所でも、高齢者では頻繁に起きているのです。

二つ目の原因は、年を取ることで発症率がだいぶ高くなる白内障。白内障になると、光が散乱してまぶしく感じやすくなるのです。**特に、青や紫といった波長の短い光がまぶしく感じます。そこで、ブルーライトカットというメガネや遮光メガネをかけると、まぶしさが軽減されるので運転中は使うといいでしょう。**サングラスぐらいかと思いきや、偏光メガネ、遮光メガネ、ブルーライトカットなど多くの種類があるので、医師や眼鏡店で相談してみましょう。

運転アシストの車も開発され、それはすでに販売されています。衝突しそうになったらブレーキを自動でかけてくれて、路線からはみ出したら警告をしてくれるという車です。運転アシストを搭載した車であると、６割の事故が防げるといわれています。予算があれば、購入を検討してみてはいかがでしょうか。

自動運転の車も今は開発されてきています。一般向けに市販されたら、こちらを考えてみるのもいいかもしれません。

認知機能の検査の内容を知らないと、認知症だとされるかも……

75歳以上になりますと、免許更新時に認知機能の検査が義務付けられます。検査によって第一分類・第二分類・第三分類と分けられます。第一分類になると医師の診察が必要になってしまいます。第二分類は要注意というレベルで、第三分類とともに何かを必ずしないといけないわけではありません。

では実際に、どのような検査が行われるのでしょうか。**知っておかないと緊張のあまり失敗してしまい、本来は認知症ではないのに認知症であるかのように判断されてしまっては困りますから、事前に知っておきましょう。**行われる検査は三つあります。

一つ目は、「手がかり再生」。数点のイラストを記憶し、採点には関係しない課題を行った後、記憶しているイラストをヒントなしに回答し、さらにヒントをもとに回答します。例えば「定規」「バイク」「ぶどう」「スカート」という四つを覚えます。次に全然関係ないことをしばらくした後、覚えるように言われたイラストが何だったのかを聞かれます。この検査、意外に難しいですよ。

二つ目は、「時間の見当識《けんとうしき》」。検査時における年月日、曜日及び時刻を回答します。「今日は何月何日で何曜日、何時ですか？」と聞かれるわけです。仕事をしていた頃は、休みの日が土日でそれが待ち遠しいなどあるかもしれませんが、仕事を引退した後は曜日なんて気にもしていない人は多いです。今が２０１８年なのか何年なのかも、書類でも書かない限りあまり気になりません。ですから、こういう試験があるということを知っておかないと、認知機能が衰えているわけでもないのに答えられず認知症の疑いがかかってしまうのです。

最後は「時計描画」。[6]分針と時針がある、アナログ式と呼ばれる時計を描きます。時計の文字盤を描き、さらにその文字盤に指定された時刻を表す針を描くというものです。「10時10分の時計を描いてください」などと言われます。チェックポイントとして、「12－3－6－9時は正しい位置にあるか？」「数字は全部書いてあるか？」「数字が順番通りになっているか？」

図 11　時計描画

10 時 10 分を正確に描くと、このようになる

「数字は正しいか？」「数字の距離は均等に配列されているか？」「長針と短針がしっかり描かれているか？」というのを見ます。実際に10時10分の時計は描けるでしょうか？　やってみてください。

さて、最後に抜き打ちテスト。先ほどの「手がかり再生」の検査で挙げた四つは覚えているでしょうか？　正解は「定規」「バイク」「ぶどう」「スカート」です！

「運転による交通事故」の正体

↓交通事故の発生率は、80歳以上も20代前半もほぼ一緒

↓10代の交通事故のほうが多く、80歳以上の2倍近い

↓死亡事故を起こした高齢者のうち、認知症の疑いがあった人は8％程度

↓認知症といえども他の人と同じく、事故は軽いもののほうが多い

↓運転をやめると認知症の発症率が上がる

↓高齢者の事故の原因は、体の機能全般というより、視機能と認知機能が大きくかかわる

↓認知機能が衰えると視覚が衰え、視覚が衰えると認知機能が衰える

↓視力と交通事故は、そこまで関連性がない

↓視力よりも有効視野が、交通事故に関係する

↓有効視野は、認知機能が衰えると狭くなる

↓有効視野は「疲労している時」「眠い時」「お酒を飲んでいる時」なども狭くなる

↓高齢者の交通事故は、信号無視と交差点での事故が多い

↓高齢者の有効視野は上が狭いため、信号に気づきにくい

↓高齢者はまぶしさがとても苦手

●周りの人がしがちな間違い

・老人に車の運転は危険だと思って、運転をやめさせたり、免許を取り上げてしまう

●周りの人がすべき正しい行動

・運転アシストの車の購入を検討する

●自分がこうならないために

・やたらと遠くまで運転しない

・スポーツをする

・本を使って有効視野を広げる訓練をする

・ブルーライトカットや遮光のメガネをかける

・75歳以上の免許取得者に義務付けられている認知機能の検査の内容を、事前に知っておく

認知症のよくある困った行動【その13】

火事を起こす

――火事こそ、認知症以外の原因が盛りだくさん

Mさんは、夫と実の父と住んでいます。父は昔から寝タバコをしていましたが、最近は火を消すのを忘れることもあります。それをMさんが注意していると、
父「うるせえなあ。大丈夫だって言ってるだろ」
Mさん「でも火事になったらどうするの⁉　この前も火消し忘れてたでしょ？」
父「あれはうっかりしたんだよ」
Mさん「うっかりで済まないこともあるんだから」
そんなやり取りが続くことが数か月経ったある日、夜寝ていると焦げたニオイがしてきました。びっくりして起きてみると、どうやら父の寝室から煙が出ているようです。
父「火事だ‼　いいから水持ってこい！」

Mさんの夫は一目散に風呂場に行って、バケツに水をくんできて火にかけました。火の勢いは少し落ちましたが、まだ燃えています。Mさんも焦って洗面器に水を入れてきてかけて、夫もさらに水をかけます。しばらくすると火は消えて、落ち着きました。

「ピンポーン」とチャイムが鳴りました。出てみるとお隣りさんです。

隣人「何か煙出てたみたいだけど、大丈夫⁉」

Mさん「あ、大丈夫です。ご迷惑かけて申し訳ないです」

淡々とした口調でMさんはそう言いましたが、心臓はバクバクしています。

タバコの火を、なぜ父はちゃんと消さなかったんだろう。最近物忘れもし出しているし、もしこれで消火できなかったらどうなったことか……。

火災による死傷者の6割は高齢者

認知症で特に怖いのは、火事を起こすこと。本人の家と家族はもちろんのこと、近所の家や住人にまで危険を及ぼします。大迷惑となり、命にもかかわってきます。

高齢者が火事と関係する確率は高く、**火災による死傷者の6割は高齢者**であるといわれています。実際に、**高齢者の10人に1人がボヤを起こしており、100人に1人が火事を発生させ**

てしまっています。1）

認知症になると、なぜ火事を起こしやすくなるのでしょうか。それは**認知症になると、そもそも火の扱いが危なくなる、どう扱えばいいかを理解できなくなる、鍋に火をかけたこと自体を完全に忘れるなど記憶を失う**、といったことが挙げられます。

ただし、高齢者による火事は、**認知症だけが原因ではありません。嗅覚《きゅうかく》の低下も主な原因になっています。**嗅覚がよければ火事になる前に、鍋などに火をかけて焦げたニオイがした瞬間に火を止めに行けます。しかし、嗅覚が悪ければ燃えていることに気づくこともできないのです。なお、**嗅覚は年齢でも認知症によっても衰えてしまいます。**

料理のニオイを嗅ぐこと、運動、亜鉛摂取が火事を減らす

嗅覚については、私は大丈夫。そう思う人は多いかもしれませんが、嗅覚障害は普段から気づきにくいので、78％の人は自覚できていません。**嗅覚障害は70代になると、急激に起こりやすくなってしまいます。**2）

嗅覚が低下すると、ものの焦げたニオイがわかりにくくなるために火事を起こしやすくなります。ちなみに嗅覚障害になると他にも弊害があり、香水をつけすぎるということがあります。

それから、食事が美味しくなくなります。意識していなくても食事の時、私たちはニオイを感じて味わっています。焼き立てのパンのニオイ、スープのニオイ、ジューシーに焼けたハンバーグのニオイなど、「クンクン」と意識的に嗅がなくても感じているのです。

嗅覚の状態を調べる簡単な方法があるので、紹介します。醤油と水とコップ二つを用意するだけでできます。

一方に醤油、一方に水を入れたコップを用意します。目で見ないでニオイだけで醤油がわかるかを確認します。目をつぶってコップに鼻を近づけて、クンクンとニオイを確かめてください。醤油か水かを判別します。目を開けて合っているかを確認します。ここまでは、ほとんどの人ができるでしょう。

次に、半分に薄めた醤油を入れたコップと、水だけのコップを用意して同じことをします。これが問題なく正解になれば、ある程度嗅覚は保たれていると考えていいでしょう。

嗅覚は鼻の中にある嗅神経によって伝えられます。嗅神経は生え変わるものでありますが、嗅神経が新しくて多いことが、嗅覚を保つことにつながります。しかし嗅神経は、年齢とともに生え変わりが遅くなるため弱く少なくなってしまい、結果として嗅覚が衰えます。

また、鼻づまり、鼻ポリープなどの鼻の病気にかかることも、嗅覚を衰えさせます。

嗅覚は、訓練すればよくなることもわかっています。香水の調合をする調香師の人やワインのソムリエなどは、訓練によりその微細な変化を嗅ぎ分けているのです。**普段の生活では食事の時などに、それぞれのニオイを嗅いで確認することで鍛えることができます。**

もっと本格的に鍛える方法としては、アロマを４種類準備し、その４種類を嗅ぎ分けるというトレーニングがあります。トレーニングというと大変なイメージですが、この方法なら気軽ですし楽しいです。続けると嗅覚が回復に向かい、12週間で回復したという研究もあります。[3]

週1回以上の運動をしていると、嗅覚が衰えるリスクが30％下がる[4]こともわかっています。

栄養でいうと、**亜鉛が重要**であることがわかっています。[5]亜鉛は味覚にも嗅覚にも重要なのです。そのため、**亜鉛が多い牛肉、牡蠣《かき》、ゴマなど**を食べることが、ニオイを感じるうえで重要なのです。牛ももの薄切り肉を1日に2枚程度摂取すれば、後は通常の食事で十分補える量です。

足腰が弱いことも、火事の原因になってしまう

さらに、膝など関節が悪くなることで運動機能が低下することも、火事の原因になります。運動機能が低下すると、手元が狂い、火が服について燃えてしまうことがあるからです。また、火事を起こしても容易に逃げられなかったり、消火ができなかったりすることも理由となります。

移動しやすい体にしておくには、下半身、特に膝が重要です。高齢になると体が動きにくくなります。筋力も低下して、関節も弱くなってきます。

とはいえ、全身の筋肉がすべて衰えると思いがちですが、そうではありません。腕の筋力はさほど変わらないのです。でも、足の筋肉がどんどん衰えていきます。というのは、上半身の筋肉を使う機会は若い頃も年を取ってもさほど変わりません。上半身を使うことで字を書いた

り、食事をしたり、体を洗ったり、服をタンスにしまったり……、これは年齢にあまり関係なくすることです。

一方で**下半身に関しては、年齢が上がることで次第に使わなくなります。**退職して会社に行かなくなったり、友だちと会う機会も減ったり、買い物の回数も少なくなったり、などです。出かけることが減れば、足腰を使う機会も減ります。すると、下半身はどんどん弱くなります。下半身が弱くなると、動くのがおっくうになりますからさらに歩かなくなります。また、転びやすくなって、日常生活に支障が出てきます。

「ロコモティブ・シンドローム」という言葉を聞いたことはありますか？　**「ロコモ」**の略称が広まっていますから、本書でもロコモの言葉を使います。ロコモとは、骨・関節・筋肉など体を支えたり動かしたりする運動器の機能が低下して、要介護や寝たきりになる危険が高い状態を指します。

ロコモかどうかを調べるのに、「ロコチェック」というチェックテストがあります。[6]以下の７項目から成ります。どれが該当するか、確認してみましょう。

1. 片脚立ちで靴下がはけない
2. 家の中でつまずいたり滑ったりする
3. 階段を上るのに手すりが必要である
4. 家のやや重い仕事が困難である（掃除機の使用、布団の上げ下ろしなど）
5. 2kg程度の買い物をして持ち帰るのが困難である（1リットルの牛乳パック2個程度）
6. 15分くらい続けて歩くことができない
7. 横断歩道を青信号で渡りきれない

一つでも当てはまればロコモの疑いがあり、要注意です。特に下半身が弱くなるので、転ぶことが増えます。

なお**転びやすいのは、立っている時よりも歩く時**です。当たり前だと思うかもしれませんが、なぜ歩く時のほうが転びやすいのでしょうか？　それは、障害物に当たるということもありますが、それだけではありません。歩くというのは重心を移動させるために、途中でバランスを必ず崩さなければいけないからです。崩れたバランスをクッションとして受け止める膝の柔軟性も大切になりますし、バランスを戻す筋肉も必要になってきます。

足を上げて歩くようにすれば、火事が減り、寝たきり防止にもなる

歩く時に足をしっかり上げれば、転びにくくなります。というのは、転びやすいのは足を上げ切っていないからです。足が上がりにくくなる原因は、「前脛骨筋《ぜんけいこつきん》」という足の筋肉の衰えによるものと考えられます。高齢者はこの前脛骨筋などが衰えることで、足を上げるのがおっくうになって転倒しやすくなります。

そこで徐々にで構いませんので、**普段か足を上げる癖をつけましょう。**続けていれば次第に筋力がついてきて、足を上げる負担が減ってくるでしょう。

「高齢者はみんな腰痛持ち」というイメージがあるかもしれません。でも実際は、**年を取って増えやすいのは膝の痛みのほう**です。腰は若い時から痛い人も多く、変形性腰椎症《へんけいせいようついしょう》の発生率は40～70代まであまり変わりません。一方で、膝関節症の発生率は40、50代では低いものの、60代から突然高くなるのです。7）これは、膝のクッションである軟骨が減ってくることが一つの原因になります。

ただし膝は、体重を支える役目があるので、30代ぐらいで若くても肥満になればかなり圧迫

図12　膝の下のタオルをつぶす運動

されます。また、膝への衝撃が強いスポーツを激しく行う人も、膝を悪くしやすいです。実際にサッカーやテニスのセミプロ級には、膝が悪い人が多いです。

膝を強くするには、寝っ転がって膝を伸ばした状態で膝の下にタオルを入れて、それをつぶすという運動が効果的です。5秒間ぐらいつぶして力を抜くというのを30回行います。簡単にできますよ。

ただ、膝のややこしいところは、膝が悪いと思っていたら実は膝ではなくて足の血管が悪かったということもあります。実際にそういう人がいたのですが、閉塞性動脈硬化症《へいそくせいどうみゃくこうかしょう》といって足の血管が詰まっていたのです。幸いにも、治療することで普通に歩けるようになりました。

このように高齢者の痛みは、何が主な原因かすぐにわからないことがありますので、一度診察を受けておくと安心です。特に**足腰という歩行に影響するところは早めに対処しておかないと、寝たきりの原因にもなります。**

火事の原因のトップ「タバコ」は、嗅覚の衰えた高齢者こそ吸う

ここまでで紹介したように、嗅覚や足腰を鍛えることで、火事は減らせます。とはいっても火を使わせるのは心配ですよね。どうすればいいのでしょうか。

心配だということで、**火の扱いを一切させないことに決めてしまうのは、ありがちな間違い**です。食事を作ったり、ストーブをたいたりなどを全くさせないわけですから、生活が大きく不便になってしまうのはもちろんのこと、**普段の生活ですることを大きく制限させてしまうことになり、認知症が進む原因にもなってしまう**からです。

火を使うものや火を使う機会を減らすといったことを考えるほうが賢明です。ガスコンロはＩＨ調理器に変える、ストーブはこたつに変える、などです。とはいえ、いきなり機器類をガラッと変えてしまうと高齢者はうまく使いこなせない場合が多いですから、**本人が使いこなせるのを待って、少しずつ変えていくほうがいい**です。

以下では、火事の原因に触れつつ、その原因ごとに何をするといいのかを、一つ一つ見ていくことにします。

日常で火を使う場面としては、「料理」「暖房」「ロウソク（仏壇など）」「タバコ」などがあります。

さて、**火事の原因として、どれが一番多いのでしょうか？　正解は、タバコ**です。火事の原因としてタバコは15・8％（74件）、暖房は8％（39件）、料理は7％（33件）、ロウソクは4・5％（21件）。他の原因にはコンセントのショートなどがあり、火事の中には原因不明のものもあります。[8]

タバコは特に、寝タバコのように不用意に火を使っているという問題もありますが、**高齢の年代でタバコを吸っている人が多い**こと、そして何より**喫煙をしている人は嗅覚が低下することがわかっています。**[9]これらが、タバコによる出火を多くしている原因なのです。『鉄人28号』『仮面の忍者　赤影』『三国志』などで有名な漫画家の横山光輝さんも、寝タバコによる火災で亡くなったといわれています。

一番の予防法は禁煙です。禁煙が難しければ、せめて寝タバコはやめること。それさえ難しい時は、従来のタバコよりも火事になりにくい加熱式のタバコを選ぶこと。

ただし、加熱式タバコを吸うにしても、加熱式タバコの吸い殻（使用済みのスティックなど）にしても、**水を入れた灰皿を置いておきましょう。**従来のタバコの吸い殻にしても、水につけておいたほうが絶対に安心です。水の入った灰皿を用意することは、「タバコは火事の原因となる」ことを意識してもらうのにも役立ちます。

ガス式や灯油式は電気式に変更。器具の使用年数も要チェック

火事の原因としてタバコの次に多いのは、暖房によるものです。特に石油ファンヒーターやガスファンヒーターのように、火を使う暖房は危険です。温暖な地域ですと、エアコンだけで冬は過ごせます。けれども、雪深い所、極寒の地ではエアコンでは限界があります。私も東北の雪国に住んでいる時は、エアコンは冬場はほとんど効かないということを実感して、石油ファンヒーターの温かさに感動しました。ですから、石油やガスのファンヒーターを使っている人が多いです。

とはいえ、年齢とともに認知症のリスクが高くなるため、火を消し忘れて火事になったり、

それが洗濯物やカーテンに燃え移ったりして家屋全焼に至る大火事に発展することもあります。**代わりの暖房器具としては「床暖房」「ホットカーペット」「オイルヒーター」「セラミックヒーター」などいろいろとあるので、試してみるといいでしょう。**

また、**暖房器具は10年以上使っていないか注意してください。**10年以上経っていると製造物責任が無効となり、寿命が来ていることが多いので、出火の危険性も高くなっています。石油ファンヒーターでも昔のものより、新しいもののほうが安全機能も高くなっています。

料理が原因のものは7％（33件）。高齢者の火事というと料理によるものばかりと思われがちですが、そこまで多いわけではないのです。

料理による火事を防ぐにはＩＨ調理器を使うというのも一つの方法です。ただし、**ＩＨに限らず暖房などにもいえることですが、認知症になる前または早い段階で変えて慣れさせたほうがいい**です。認知機能があまりないと新しいものに慣れるのが困難となり、料理をしなくなることが起きやすくなります。それにより生き甲斐を失ったり行動したりすることが減って、認知症が進行することもあるのです。

仏壇のロウソクこそ、実は相当危険な火事の原因だった

ロウソクによる火災は４・５％（21件）。７％である料理に迫る多さというのは、意外に多いという印象を受けた人もいるかと思います。家に仏壇がある人などは特にロウソクを使いますが、この時に服に燃え移ってしまうことが割と多いのです。**一瞬で服が燃えて全身に火が回る「表面フラッシュ現象」が起きやすく、火事はもちろんのこと、死亡につながりやすいため極めて危険**です。

線香をあげようとロウソクに火をつける。でも、線香の先をロウソクの火に当てても、なかなかうまく火がつかない。イライラして線香をずらしてみると、手から線香がボロッと落ちてしまった。ロウソクの奥にある線香を取ろうとして、袖に燃え移り……。こんな簡単なことで、一気に服に燃え移ってしまうのです。

そこで**袖の長いものよりも、短いものを着るようにしましょう。**これは、料理の時も、ストーブの近くで作業する時も当てはまります。

服を、燃えにくい素材にするのも大事です。防炎製品ラベルがあれば、さらに安心です。避けたほうがいい素材は、綿、レーヨンなどセルロース系素材といった燃えやすいものです。

また仏壇のロウソクの場合は、**電気式にする**という方法もあります。線香も電気式のものがあります。ニオイもちゃんと出るものもあるので、従来のものと遜色《そんしょく》はありません。

そして、せっかくの機会なので、**火災警報器やガス警報器をちゃんと設置しているのかを一度は確認しましょう。**

実際にどのくらいの家庭が火災警報器を設置しているのかというと、消防庁の平成28年8月31日の報告では66・5％だけが規定通りに火災警報器をつけていることがわかっています。ガスの警報器については、都市ガスの家庭では40・7％が、LPガス（プロパンガス）の家庭でも78・1％しか設置していないという報告が、ガス警報器工業会からされています。10）

「火事」の正体

↓火災による死傷者の6割は高齢者

↓高齢者の10人に1人はボヤ、100人に1人は火事を起こ

している

↓

認知症が火事を起こす

↓

嗅覚の低下、足腰の弱化が火事を招く。嗅覚障害は70代になると急激に起こりやすい

↓

火事の原因のトップはタバコ

↓

喫煙者には高齢者が多い。喫煙をすると嗅覚が低下する

●周りの人がしがちな間違い

・火を一切使わせないようにする

●周りの人がすべき正しい行動

- 火を使うもの、火を使う機会を減らしてもらうようにする
- ガスコンロはＩＨ調理器具に変える
- 暖房器具は、ガス式や灯油式から、電気式に変える
- 暖房器具は10年以上使っていないか調べる
- 暖房器具や調理器具を電気式に変えるなら、認知症になる前を目指す
- 仏壇のロウソクや線香も、電気式に変える
- 火災警報器、ガス警報器の設置を確認する

●自分がこうならないために

- 醤油と水とコップを使った簡単なテストで、自分の嗅覚をチェックする
- 食事で料理のニオイを嗅ぐ習慣をつける
- アロマを嗅ぎ分けるトレーニングをする
- 運動をする
- 亜鉛が豊富な牛肉、牡蠣などを食べる

- ロコチェックで、ロコモかどうかを知る
- 普段から足をしっかりと上げて歩くようにする
- 膝の下にタオルを入れてそれをつぶすという簡単な運動で、膝を鍛える
- 禁煙する
- 寝タバコはやめる
- タバコは加熱式に変える
- 水が入った灰皿を必ず用意する
- 火を使う時は、袖が短く、着火しにくい素材の服を着る

介護費用がおろせず破産

――「家族信託」を知らないと大変な目に遭うことが

Nさんは母と仲がよく、母が認知症になったら介護をしようと思っていました。

母は80歳になると認知症になり、介護が必要となりました。幸い母は、その日のためにお金をためていたので、介護費用は安心していました。

最初はNさんがつきっきりで介護していたのですが、いつもできるわけではないので、ホームヘルパーに介護を頼むことも出てきました。また、医療費がどんどん増えていきました。すると、気づきました。お金がなくなってきたことに。

Nさん「お母さん、ヘルパーさんのお金必要だから、銀行からお金おろしてこようよ」

母「そうね」

と言って銀行に行くも、4桁の暗証番号が思い出せず間違えすぎて、キャッシュカードが使えなくなりました。焦ってＡＴＭに設置された電話機で銀行の人と話します。
Ｎさん「母のお金がおろせないんですけど」
銀行「そうですか。では手続きをします。お母様は、今ご一緒にいらっしゃいますか？」
母「はい」
銀行「暗証番号はおわかりですか？」
母「いえ、忘れました」
銀行「もしかしますと、お母さん認知症でらっしゃいます？」
Ｎさん「そうなんですよ。それで困っちゃって」
銀行「そうですか、申し訳ございませんが当方では対応できませんので、ぜひ公的機関を通してお引き出しの手続きをお願いします」

結局お金はおろせません。とはいっても、ホームヘルパーに頼まないわけにもいきません。この先、どうすればいいのでしょう？　介護費捻出《ねんしゅつ》のために、どんどん借金するわけにもいかないし……。

「成年後見制度」と「家族信託」の両方を知っておこう

老後のお金の問題というと「いくら必要か？」ということを気にかける人は多いです。しかし、**「認知症になったらお金がおろせない」という事実は、認知症になってはじめて気づきがち**です。

そんなトラブルを回避するために知っておきたい制度があります。

最も有名なのは、**「成年後見制度」**でしょう。この制度は、**認知症になって判断ができない親（成年被後見人）の代わりに、家族や弁護士（成年後見人）が判断してお金などのやり取りなどができることを法的に認める制度**です。

しかし、この制度には大きな問題があります。一つは、**親が認知症になった後は、この制度の利用の許可が下りにくくなる**こと。この制度を使いたいのであれば、認知症になる前に必ず手続きを済ませておきましょう。

もう一つは、**親の自宅の売却に家庭裁判所の許可が必要になる**こと。成年後見制度という制度自体が「生活を維持する」ことに主眼が置かれているため、介護施設や病院にいる親が「自宅に戻ってくるかも」という可能性を重視するからです。

成年後見制度をうまく活用できないと、手元に入るべき現金がなく、自宅の修繕《しゅうぜん》や税金が発生するうえに、施設の費用までかかるという悲劇が起きることだってあるのです。

そこで今、注目されているのが**「家族信託」**。知らない人もいるかもしれませんが、認知症になった時でも介護費用を捻出するには知っておきたいものです。

成年後見制度よりも自由度が高めで、例えば自宅の売却は家庭裁判所の許可がいりません。成年後見制度の場合は、基本的な考えを子供に一存することになってしまいますが、家族信託であれば、すべてではなく資産の管理だけなど一部を委託することができます。

また、成年後見制度は書類の手続きが煩雑《はんざつ》なため、毎月2～3万円を専門家に払ってお願いすることになってしまう場合が多いのですが、家族信託はそこまで複雑ではありません。

ただし、成年後見制度でないと介護保険や介護施設との契約ができないということもあるので、成年後見制度も家族信託もよく知っておくといいでしょう。

それから、家族や弁護士がお金を着服するというケースが多くあります。お金のことはみんなでチェックしましょう。誰かに任せきりにするのは危険です。

また、いつ認知症になっても慌てないように、**口座の暗証番号を聞いておいたほうがいいです**。暗証番号を聞くのは抵抗があるかもしれませんが、お金をおろすのがすごく面倒になりますから。

銀行通帳自体がどこにあるのかわからず口座番号すらわからないこともあるようですので、通帳がしまってある場所や、**銀行名・支店名・口座番号も欠かさずメモしておいたほうがいいでしょう**。ただ、これらは親との人間関係にもよります。

最近ですと、ネットで口座にアクセスすることも多いですから、**ネットで使用するIDやパスワードがありましたら、こちらもメモしたほうがいい**です。

老後破産の危機に迫られたら、国に助けを求めよう

でも、そもそも老後破産しそうなぐらいお金がない場合はどうすればいいでしょうか？　実は国には、お金がなくなった人のための救済措置があるのです。市区町村の役所・役場の福祉関連窓口に相談しましょう。残念ながら対応が悪い所もあるようですが、本当にどうしようもなくなった時に**国が最低限の生活を保障してくれる**のです。

介護費用を準備していても思った以上に額がかさんでしまう、予想外の病気や事故に見舞わ

れるということがあります。そんな時に相談できることを知らないと、自殺など最悪のケースへと走ってしまうことだってあるのです。

お金の問題だけではなく、いろいろと相談するのもいいことです。高齢者総合相談センター（地域包括支援センター）、保健所などがあります。「認知症の人と家族の会」では、同じ悩みを持った人も多く相談しやすいです。

でも、このようなありがたい仕組みがあるからといって、老後破産しないために準備がいらない、というわけではありません。できるだけの貯金はしておきましょう。

実際にあった話です。目の病気を抱えた患者さんがいたのですが、治療するために病院に来なければならず、治療しなければ失明してしまう状態でした。しかし、目がほとんど見えないので自力で病院にはなかなか行けず、治療のためのお金もありませんでした。そこで、ケースワーカー（社会福祉の専門家）などに入ってもらって相談したところ、生活保護を受給して、交通機関も確保できるようになりました。視力は、片目は失明近くになっていてもう片方も危なかったのですが、何とか現状の視力を保つことができました。

「認知症でのお金の問題」の正体

↓認知症になってからでは、お金が自由におろせなくなる

↓成年後見制度は、制約が多く、手続きが煩雑

↓家族信託は成年後見制度よりも自由度は高いものの、成年後見制度なら可能な契約ができない場合がある

●周りの人がしがちな間違い

- 認知症になってからお金の相談をする

●周りの人がすべき正しい行動

- 成年後見制度も家族信託も、認知症になる前に早めに手続きを行う
- 親の通帳の暗証番号を聞いておく。金融機関名・支店名・口座番号、さらに通帳やカード

の保管場所も聞いておく

- 本当にお金がない場合は、役所や役場に駆け込んで、国から生活保障を受ける

●自分がこうならないために

- 早めに自分から、成年後見制度や家族信託の話をする

著者のおわりに

認知症というと、ニュースでも普段の会話でも「悪いもの」という認識を持つ人がほとんどです。認知症はないに越したことはないですが、90歳を超えれば9割が認知症。認知症と全く遭遇しないというのは難しいです。

では、認知症はどうすれば予防できるのか？　もしなった時は、どうすればいいのか？　認知症の人とは、どう付き合ったほうがいいのか？

その多くの疑問には答えがあり、本書ではできる限りたくさん紹介しました。それらを知っておけば、困難を乗り越えたり、不安を払拭したりすることができるはずです。

もちろん、本人の認知症で辛い時期、家族の認知症で辛い時期は完全にゼロにするのは不可能です。あるいは、本書を読んでも「もっと辛いんだ」「こんなの甘い」という気持ちも出てくると思います。「当てはまらない」「自分の家は違う」という人もいるでしょう。それはわかってはいますが、比較的冷静に書かせていただきました。知識を得ておくことは、その時期を少しでもラクにして乗り越える助けになります。

また、介護してても応じてくれないと、「なんで私がこんなに頑張っているのに……」と落ち込んだりイライラしたりすることはあります。まして、毎日一生懸命お世話をしているのに「お前が財布を盗んだな」なんて言われたら、ショックです。

本書でも書きましたが、認知症の人の気持ちを大切にし、病識《びょうしき》（自分が病気であるという自覚）を強調する傾向が近年あります。

確かにケアには大切なことです。けれども現実的に、介護をしている人の心理状態とは乖離《かいり》があることが研究でもわかっています。介護の本には「認知症の人はわかっているから優しく接しよう」と書いてあります。実際わかってはいます。けれども病識がないので、ものを忘れても、散らかしても、介護拒否しても悪気がなさそうに座っていることがあります。

それを見て周囲は、逆上してしまう気持ちになることもあるでしょう。何よりも介護を直接していない親戚や周りの人がその気持ちを理解してあげることが必要です。

介護に手がかかり意思疎通ができなくなると、親や家族は実際はいるのに、いないような不思議な感覚にとらわれてしまいます。けれども命があるのだし、こう考えてはいけないと自分を責めてさえしてしまうことがあります。でも、責める必要はなく、誰しもが感じてしまうことなのです。

ただし、認知症になるとどんな行動を起こしてしまうのかや、その対処法を事前に知っておけば、多少なりとも気持ちは変わるのではないでしょうか。「認知症の取扱説明書」とした背景には「人をもののように取り扱う」というのが、介護が辛くなってくると現実として起こりやすくなってしまうことによります。そういう現場も残念ながら見てきました。しかし、辛い現場を知ればそうなってしまう背景にこそ問題があるのです。一方、取り扱い方を理論的に知っていただくことで、逆に優しくなれる部分があるのかなと思っています。結果として、もののようでなく人として扱いやすくなるのではないでしょうか。

「将来自分が認知症になったら、家族に迷惑かけるかな？」「面倒を見てくれる親族もいないし、どうしようかなあ……」。不安が強くなるあまり、「お金さえためれば、どうにかなるかも」と、お金にばかり執着してしまうのも悲しいものです。

あなたにできることはたくさんありますし、もしご家族やサポートしてくださる人が本書の内容を知っていれば、あまり迷惑をかけることもないでしょう。

「早く私の会計をして！」とまくし立ててくる高齢者、新しいものを取り入れない高齢者、ご近所に怒鳴る高齢者、異臭のする高齢者など、高齢者は言うことを聞いてくれずわがままだと思っていた人も多いでしょう。

でも、高齢者や認知症の特徴を知ってみると、その行動の理由が理解できますし、今までよりもかなり冷静に対処もできるようになります。

突然飛び出してきてひかれそうになる高齢者や、火事を起こす高齢者はかなり手ごわいかもしれませんが、交通事故や火事だって、知識があればだいぶ対処できるようになるはずです。

残念ながら、これから認知症の人はどんどん増えていきます。とはいっても、認知症の人を避けて仕事をしたり、日常生活を営んだりするなんて正しい方法とは思えませんし、よいことではありません。

私は高齢者が大好きです。若い人からすると高齢者が問題行動を起こしているように見えるのには理由があることを知ってもらいたくて、本書の前作である『老人の取扱説明書』を書きました。認知症じゃないのに認知症が原因だと勘違いされる行動、性格じゃないのに性格が原因だと勘違いされる行動について書いて、多くの人に反響をいただきました。その中で「認知症の人はではどうすればいいのか?」という疑問の声が多数あったことも、今回の書籍を出すきっかけとなったのです。

認知症の人も仮にコミュニケーションが取れない人でも、表情やちょっとしたしぐさで感情を伝えてくれることも多いです。相手のことを知ることができれば、あなたも相手を好きになれると思います。

そうすれば高齢者も、認知症の人もあなたを好きになってくれると思います。きれいごとかもしれませんが、そうやって世の中がよくなっていければと思います。

平松類

監修者のおわりに

認知症をめぐる環境はこの数年で大きく変化しました。病気についてはもちろん、治療についてや介護者の家族の対応についてなど様々なことが話題となりメディアを賑わせています。最近では、政府が発表した新オレンジプランや、75歳以上のドライバーの方に課せられる認知機能検査などがニュースとしてあります。

ただ一つ大切な点が忘れられていました。それは、認知症とは一体どういうものなのかという体系的な解説書です。病気についてや介護の仕方などの各論は、本がたくさん出版されています。しかしみなさんが知りたいのは、一体何でそのような症状が起こるのかや、なぜこれをするとよいのかという全体像に違いありません。

認知症の成り立ちがわかってもどう対処していいのかはわからず、家族としては治療が合っているかも判断が難しいでしょう。そのニーズに見事に応え一冊にまとめられたのが本書です。

まずは目次を見ていただき、当てはまる項を読み始めそこから広げて全体像を把握するのがいいでしょう。そうすることで何度でも疑問に思う部分は解決でき、知識として定着します。かなりの事例を網羅していますので、将来的な心配をされている方も、実際に介護をされている方も満足できる情報を手に入れることができるでしょう。

そして、ついつい経験則で治療してしまいがちな我々臨床医にも、平松先生は論文を基にした最新の知見をもたらせてくれています。認知症についてはまだわからないことが多く、しっかりとしたエビデンスを持つ論文を検索することはかなり困難です。本書は最新のデータがわかりやすい言葉でつづられており読みやすく、まさにジェネラリストたる臨床医にとっても福音の書といえるのではないでしょうか。

巷には根拠のない治療や、単に恐怖をあおるだけの情報がはびこっています。その流れを引き起こしている原因は、認知症自体の情報の偏りとなかなか把握できない全体像です。

認知症をただ怖れていては何も始まりません。本書が一人でも多くの方の手に渡り、認知症についてのしっかりとした知識を持ち明るい未来を迎えられますことを、心から念じてやみません。

内野勝行

参考文献

●はじめに　1）Mushtaq R et al:A Comparison of the Behavioral and Psychological Symptoms of Dementia (BPSD) in Early-Onset and Late-Onset Alzheimer's Disease - A Study from South East Asia Cureus 2016;8(5):e625

●認知症のよくある困った行動【その1】　1）Petry　S etal: Personality alterations in dementia of the Alzheimer type.Arch of Neurology 1088;45:1187-1190　2）飯干紀代子ら：アルツハイマー型認知症患者のコミュニケーション障害の神経心理学的分析　認知神経科学 17(1), 18-25, 2015　3）Leonald　R: Potentially modifiable resident characteristics that are associated with physical or verbal aggression among nursing home residents with dementia. Arch Intern Med. 2006 Jun 26;166(12):1295-300.　4）熊本悦明ら：老人福祉施設における〝性〟。　高齢者のケアと行動科学4　10-11,19　5）橋本衛：3．ＢＰＳＤの治療　日本老年医学会雑誌 2010; 47(4): 294-297

●認知症のよくある困った行動【その2】　1）榊原隆次ら：排泄障害　老年精神医学雑誌 2015; 26(増刊 -1): 89-98　2）岩坪暎二：慢性期医療施設の院内感染 実態とオムツ膀胱炎の臨床ジレンマ　日本老年医学会誌　2012;49:114-118　3）三浦久幸：排尿障害と失禁（認知症学（下）その解明と治療の最新知見）（臨床編）日本臨床　2011; 69(1012 増刊 10): 552-556,　4）梅﨑かおりら：介護老人保健施設で働く看護職・介護職の認知症高齢者の尿意の判断とおむつ使用に対する意識調査　佐久大学看護研究雑誌　2015;7(1): 35-43　5）味村俊樹：排便障害に対する治療―薬の使い方と注意すべきこと―　看護技術　2009;55:18-22　6）Norton C et al:Outcome of biofeedback for faecal incontinence . Br J Surg 1999:86:1159-1163　7）Tomata　Y et al:Dietary Patterns and Incident Dementia in Elderly Japanese: The Ohsaki Cohort 2006 Study. J Gerontol A Biol Sci Med Sci. 2016 ;71(10):1322-1328

●認知症のよくある困った行動【その3】　1）菊地和則ら：認知症の徘徊による行方不明死亡者の死亡パターンに関する研究　日本老年医学会雑誌 2016;53(4): 363-373　2）菊地和則ら：認知症の徘徊による行方不明者の実態調査　老年精神医学雑誌 2016;27(3): 323-332　3）大津美香ら：アルツハイマー病と血管性認知症高齢者にみられる徘徊行動の比較　保健科学研究 2012;2: 9-23　4）小野寺穂菜美ら：介護保険施設の職員が認識する対応困難な徘徊の特徴　保健科学研究 2015;5:129-140　5）今川真治：グループホームにおける認知症高齢者の屋内徘徊行動の分析　広島大学大学院教育学研究科紀要　第二部　文化教育開発関連領域 2007; (55): 359-366　6）Adachi Y :Change in relaxation level by various stimuli . Journal of International Society of Life Information Science 2011;29(1): 82-86　7）Furumiya J et al: A descriptive study of elderly patients with dementia who died wandering outdoors in Kochi Prefecture,Japan. Am J Alzheimers Dis Other Demen 2015;30(3):307-312　8）Rowe MA et al: Persons with dementia missing in the community: Is it wandering or something unique? BMC Geriatr2011; 11:28

●認知症のよくある困った行動【その4】　1）Dauvilliers Y: Insomnia in patients with neurodegenerative conditions .Sleep Med 2007;8(Suppl4):S27-34

2）Duffy JFet al: Peak of circadian melatonin rhythm occurs later within the sleep of older sugjects.Am J Physiol Endocrinol Metab,2002;282:297-303　3）山口晴保：廃用による痴呆化、　老年精神医学雑誌　1995;6:195-201　4）田中佑佳ら：認知症高齢者における日光浴と深部体温および睡眠覚醒リズムに関する研究　福井県立大学論集 2014;(42): 73-83　5）Mishima　K et al:Morning bright therapy for sleep and behavior disorders in elderly patients with dementia. Acta Psychiatrica Scand.1994;89: 1-7　6）Mishima　K et al:Morning bright therapy for sleep and behavior disorders in elderly patients with dementia. Acta Psychiatrica Scand.1994;89: 1-7

●認知症のよくある困った行動【その5】　1）Cheng ST: Dementia Caregiver Burden: a Research Update and Critical Analysis. Curr Psychiatry Rep. 2017;19(9):64　2）内閣府　平成26年度 高齢者の日常生活に関する意識調査結果　3）増谷順子ら：軽度・中等度認知症高齢者に対する園芸活動プログラムの有効性の検討　人間・植物関係学会雑誌　2013;13(1):1-7　4）神戸泰紀ら：トラブルとBPSD　日本認知症ケア学会誌 2015;14(3): 598-605　5）高橋幸男：認知症への非薬物療法（5）心理教育（サイコエデュケーション）　老年精神医学雑誌 2007;18(9): 1005-1010　6）佐伯莉穂ら：アイコンタクトを伴う視線定位反射による注意の操作が作業記憶に与える影響　理学療法学 Supplement 2015：1512　7）井原一成ら：老人福祉施設におけるうつ病と物盗られ妄想の早期把握と早期対応　研究助成論文集 2009;(45):161-166　8）西川隆：認知症診療マニュアル　Ⅱ．各論　4）症状と臨床経過　神経内科　2010;72:277-282

●Column　1）Luo Y et al:Association Between Sensory Impairment and Dementia in Older Adults: Evidence from China. J Am Geriatr Soc. 2018 +66(3):480-486　2）Bowen M et al:The Prevalence of Visual Impairment in People with Dementia (the PrOVIDe study): a cross-sectional study of people aged 60–89 years with dementia and qualitative exploration of individual, carer and professional perspectives Southampton NIHR Journals Lobrary 2016　3）Tamura H et al. Improvement in cognitive impairment after cataract surgery in elderly patients. J Cataract Refract Surg 2004;30:598–602.　4）Lin Fret al:Hearing loss and cognition in the Baltimore Longituidinal Study of Aging. Neuropsychology 2011;25(6):763-770 5）Baba T: Severe olfactory dysfunction is prodromal symptom of dementia associated with Prkinsons disease:a　3 year longitudinal study　Brain 2012;135;161-169　6）Steinbach S et al: Taste in mild cognitive impairment and Alzheimer disease J Neurol. 2010 ;257(2):238-46

●認知症のよくある困った行動【その6】　1）井藤佳恵：地域保健のトピックス　いわゆる〝ゴミ屋敷〟：介入困難事例としてのディオゲネス症候群，老人性隠遁症候群　認知症の最新医療 2011;1(3): 140-143　2）半田陽子ら：認知症高齢者の収集癖に関する研究　人間と科学：県立広島大学保健福祉学部誌　2006;6(1):115-124　3）Marshall GA et al: Everyday cognition scale items that best discriminate between and predict progression from clinically normal to mild cognitive impairment. Curr Alzheimer Res. 2014;11(9):853-61.　4）Lim YY et al: Short term stability of verbal memory impairment in mild cognitive impairment and Alzheimer's disease measured using the International Shopping List Test. J Clin Exp Neuropsychol. 2012;34(8):853-63　5）樋野公宏：買物不便が高齢者の食生活に与える影響とその対策　日本建築学会計画系論文

集　2002;67(556):235-239　6）町田久見子ら：認知症高齢者の買い物・金銭管理ケアプログラムにおける行動特性　THE KITAKANTO MEDICAL JOURNAL 2006;56(3): 225-230　7）寺田整司ら：小売業の現場における，高齢者あるいは認知症が疑われる高齢者のトラブル実態　日本医事新報 2017;(4881): 45-49

●認知症のよくある困った行動【その7】　1）和田博美ら：高齢者の時間感覚に対する研究　北海道高齢者問題研究協会　2001;17:79-85　2）Block RA:Human aging and duration judgments:A meta- analytic review .Psychology and aging 13:584-596,1998　3）野中久美子ら：「都市部版　地域包括支援センターへの情報提供のチェックシート」作成の試み　日本公衆衛生雑誌 2013;60(10): 651-658　4）Yamaguchi H et al. Yamaguchi fox-pigeon imitation test: a rapid test for dementia.dement Geriatr Cogn Disord 29(3):254-258,2010　5）田高悦子ら：認知症高齢者に対する回想法の意義と有効性：海外文献を通して　老年看護学 2004; 9(2): 56-63　6）Bourgeois MS et al：A Comparison of training strategies to enhance use of external aids by persons with dementia. Journal of Communication disorders 2003;36：361-378

●認知症のよくある困った行動【その8】　1）内田幸子：高齢者の皮膚における温度感受性の部位差　日本家政学会誌　2007;58(9):579-587　2）総務省　平成29年（5月から9月）の熱中症による救急搬送状況　平成29年10月18日　3）入来正躬ら：老人腋窩温の統計値　日本老年医学会雑誌　1975;12(3):172-177　4）消費者庁　高齢者のやけどに御注意ください！　平成27年11月18日　5）富永真琴：植物由来の食品成分と温度受容性ＴＲＰチャンネル制御　6）国民生活センター冬の夜中は要注意！高齢者の入浴中突然死が増えている　7）斎藤衛郎ら：高コレステロール血症の改善、虚血性心疾患および糖尿病の予防のための食物繊維の適正摂取量　日本栄養・食料学会誌　2000;53(2):87-94　8）厚生労働省　日本人の食事摂取基準の概要　9）厚生労働省健康日本21評価事業　栄養素等摂取量

●認知症のよくある困った行動【その9】　1）中村馨ら：地域在住の軽度認知障害高齢者におけるアパシーの有症率と神経心理学的検討　日本高次脳機能障害学会誌　2011;31(3): 359-364　2）内閣府　平成26年度高齢者の日常生活に関する意識調査　3）国民生活センター　介護用衣料品の商品テスト結果―基本的な品質性能と介護される人にとっての使用性を中心に―　２０００年８月４日　4）Ranganathan VK et al. Effects of aging on hand function J . Am Geriatr Soc 49 1478-1484,2001　5）Maki Y et al:Relative preservation of recognition of positive facial expression {happiness} in Alzheimer disease.Int Psychogeriatr 2013;25(1):105-110　6）小林裕太：皮膚の加齢変化　基礎老化研究 2008;32(4): 15-19　7）Puch F et al: Consumption of functional fermented milk containing borage oil, green tea and vitamin E enhances skin barrier function. Exp Dermatol. 2008 Aug;17(8):668-74

●認知症のよくある困った行動【その10】　1）斎藤正彦：アルツハイマー病初期にみられる性格変化　老年精神医学雑誌 2005;16(3): 310-314　2）総務省統計局 主要耐久消費財等の普及・保有状況（平成29年3月末現在）　3）国民生活センター　家庭用電話機の商品テスト結果―高齢者への配慮を謳っているものを中心に―　２００１年９月６日　4）国民生活センター　家庭用電気マッサージ器による危害　２０１６年１月21日　5）河月稔ら：アロマセラピーで認知症予防（特集 認知&睡眠をつかさどる脳機能）　Food style 21 2017; 21(9): 52-54

●認知症のよくある困った行動【その11】 1）警察庁　平成27年中の交通死亡事故の発生状況及び道路交通法違反取締り状況について　2016年3月3日　2）張 冰潔ら：日常視時における瞳孔径の年齢変化　神経眼科 2008;25(2): 266-270　3）三輪昌子ら：高齢者のボディイメージと評価方法の検討　日本医療マネジメント学会雑誌 2008;9(3): 472-476　4）柴崎宏武：高齢者の道路歩道中の事故　交通事故総合分析センター 第19回研究発表会　平成28年　5）Bowen M et al:The Prevalence of Visual Impairment in People with Dementia (the PrOVIDe study): a cross-sectional study of people aged 60–89 years with dementia and qualitative exploration of individual, carer and professional perspectives Southampton NIHR Journals Lobrary 2016

●認知症のよくある困った行動【その12】 1）Shimada　H et al:Driving and Incidence of Functional Limitation in Older People: A Prospective Population-Based Study. Gerontology. 2016;62(6):636-643Z.　2）Sakai H et al: Is the useful field of view a good predictor of at-fault crash risk in elderly Japanese drivers?. Geriatr Gerontol Int. 2015 ;15(5):659-65　3）瀬谷安弘：有効視野の特性とその測定手法　光学 42(9), 473-474, 2013-09-10　4）警察庁高齢運転者交通事故防止対策に対する提言　2017年6月30日　5）Wood JM　et al: Useful field of view test. Gerontology. 2014;60(4):315-318　6）Ping Wang et al:. Longitudinal Changes in Clock Drawing Test（CDT）Performance before and after Cognitive Decline. PLoS ONE. 2014 ;9(5): e97873

●認知症のよくある困った行動【その13】 1）住宅防火対策推進協議会　消防本部の実施施策と高齢者の実態に関する調査研究　平成26年3月　2）Schubert CR et al: Olfactory impairment in an adult population the Bearver Dam Offspring study.Chem Senses 2012 37(4):325-334　3）Doty RL: Combining early markers strongly predicts conversion from mild cognitive impairement to Alzheimer･ s disease.Biol Psychiatry 64(10) 329-339,2012　4）Schubert CR.Olfactory impairment in the older adults five-year incidence and risk factors.Laryngoscope 121:873-878,2011　5）Lyckholm et al: A randomized, placebo controlled trial of oral zinc for chemotherapy-related taste and smell disorders. J Pain Palliat Care Pharmacother. 2012 ;26(2):111-114　6）日本整形外科学会　ロコモパンフレット2014年度版　日本整形外科学会　7）吉村典子：変形性関節症の疫学研究 大規模住民コホート研究ROADより　Clinical Calcium　2009;19(11), 1572-1577　8）消防庁　平成27年における火災の状況　2016年8月19日　9）消防庁　住宅用火災警報器の設置率等の調査結果　2016年8月31日　10）ガス警報器工業会　警報器をとりまく環境とその取り組み

著者略歴

平松 類（ひらまつ・るい）

医師／医学博士。
愛知県田原市生まれ。昭和大学医学部卒業。現在、昭和大学兼任講師ほか、二本松眼科病院、彩の国東大宮メディカルセンター、三友堂病院で眼科医として勤務している。のべ10万人以上の高齢者と接してきたことから、高齢者の症状や悩みに精通している。医療コミュニケーションの研究にも従事し、シニア世代の新しい生き方を提唱する新老人の会の会員でもある。メディア出演はNHK『あさイチ』、TBSテレビ『ジョブチューン』、フジテレビ『バイキング』、テレビ朝日『林修の今でしょ！講座』、TBSラジオ『生島ヒロシのおはよう一直線』、『読売新聞』、『日本経済新聞』、『週刊文春』など。

監修者略歴

内野勝行（うちの・かつゆき）

帝京大学医学部を卒業後、神経内科に入局し神経救急や変性疾患などを専門に扱う。2015年に金町脳神経内科・耳鼻咽喉科を開業し、東京都葛飾区認知症対策委員を務める傍ら、外来と訪問で月100人以上の認知症患者を診察している。薬物治療のみではなく栄養指導や介護環境整備、家族のサポートなど積極的認知症治療を行っている。著書に『講習予備検査まるわかり本（認知症検査解説）』（ものわすれ対策研究所）があり、テレビや講演などでも活躍中。

※本書籍は認知症について書いています。症状がある場合は、主治医にご相談ください。

【大活字版】

認知症の取扱説明書

2019年6月15日　初版第1刷発行

著　者　平松《ひらまつ》 類《るい》
監修者　内野勝行
発行者　小川 淳
発行所　SBクリエイティブ株式会社
〒106-0032　東京都港区六本木2-4-5
電話：03-5549-1201（営業部）

装　幀　長坂勇司（nagasaka design）
本文デザイン・DTP　荒木香樹
イラスト　フクイヒロシ
校　正　豊福実和子
協　力　おかのきんや
監修コーディネイト　田代貴久（キャスティングドクター）
編集担当　杉浦博道
印刷・製本　大日本印刷株式会社

本書は以下の書籍の同一内容、大活字版です
SB新書「認知症の取扱説明書」

ISBN 978-4-8156-0210-9

「お金がないという割に無駄遣いが激しい」

「手料理に醤油やソースをドボドボとかける」

「約束をすっぽかす」

など、日常でよくある老人の問題行動に対し、
その原因と解決策をわかりやすく提示！

老人の取扱説明書

平松 類

定価：本体価格800円＋税　ISBN978-4-7973-9244-9